Marie-Ancilla Durliat

Découvrir le sens de sa vie

Marie-Ancilla Durliat

Découvrir le sens de sa vie

La quête existentielle des jeunes

Éditions Croix du Salut

Imprint

Cover image: www.ingimage.com

Publisher:
Éditions Croix du Salut
is a trademark of
International Book Market Service Ltd., member of OmniScriptum Publishing Group
17 Meldrum Street, Beau Bassin 71504, Mauritius
Printed at: see last page
ISBN: 978-613-7-37659-1

Introduction

Le présent ouvrage ouvre des pistes, pour accompagner les jeunes dans leur quête existentielle de Dieu et d'eux-mêmes.

Il peut donc intéresser ceux qui souhaitent trouver le sens de leur vie, mais également les personnes qui les accompagnent, car elles y trouveront des conseils courageux et judicieux.

Le titre risque de poser question à certains. On parle fréquemment de donner un sens à sa vie. Mais est-ce qu'on le donne ou est-ce qu'on le découvre ? Ce sont deux façons de se situer dans l'existence. Dans l'une, on se fait soi-même, dans l'autre, on se reçoit d'un autre. La démarche proposée ici est chrétienne ; alors comment ignorer , dans cette perspective, que nous recevons de Dieu tout ce que nous sommes ? Nous sommes dans la pensée de Dieu de toute éternité, et nous avons à devenir ce que nous sommes, non à le fabriquer.

Notons enfin que ce livre a vu le jour, dans le contexte d'un accompagnement de jeunes en recherche de vie religieuse. Mais son contenu a une portée beaucoup plus large.

Devenir adulte

Structuration humaine et chrétienne

Des jeunes, après avoir perçu que Dieu seul peut transformer leur vie et lui donner un sens, désirent entrer dans la vie religieuse. Leur conversion de fraîche date et une fragilité évidente fait hésiter bien souvent à les accueillir dans la vie religieuse.

Comment discerner ? Comment les aider ? La première chose à faire n'est pas tellement de connaître l'histoire de chacun, de lui faire passer des tests psychologiques, mais de vérifier son degré de structuration humaine et chrétienne, et d'unification intérieure. Ce sont là les conditions pour tenir debout et assumer les difficultés qui sont propres à chacun. Une vie peut changer radicalement de direction si ces éléments de base sont découverts et intégrés.

Un jeune qui désire s'engager dans la vie religieuse ne doit pas se sentir en face d'un juge qui mesure ses fragilités, ses manques, ses imperfections. Il a besoin de découvrir une bonté qui lui propose de parcourir un chemin permettant de progresser en vérité et lui donnera la « recette » pour s'y engager : les jeunes ont besoin qu'on leur apprenne comment faire ; le discours ne suffit pas.

Cette première structuration et unification humaine et chrétienne est indispensable pour un discernement de la vocation, et pour accéder à la structuration et à l'unification qui sont le propre de la formation donnée dans un noviciat. La seconde étape est impossible sans la première. D'où la nécessité de vérifier si la première est suffisamment amorcée avant d'envisager l'entrée dans la vie religieuse. La vocation religieuse ne peut donner une coloration propre à la vie chrétienne que si celle-ci est suffisamment solide. Il est important de saisir la différence entre les deux stades de structuration et d'unification pour ne pas télescoper une étape essentielle, source de bien des dérapages.

Affectivité et solitude

La solitude est une des épreuves rencontrées par ceux qui font le choix de la vie religieuse. Elle met à nu tous les replis du cœur et paradoxalement, elle va donner l'impression d'être pire que dans la vie antérieure. La solitude joue le rôle d'un four à poteries : tous les défauts apparaissent à la cuisson, et s'ils sont trop nombreux, la poterie éclate !

La solitude est un facteur de dépouillement radical, de lucidité sur soi : on est seul devant Dieu, au sein même d'une communauté. L'affectivité est peut-être la zone de l'être la plus secouée par cette situation nouvelle : dans la solitude, les amis, la famille sont absents, même si leur souvenir hante la mémoire. Et la place qui, au plus profond du cœur, est réservée à Dieu seul paraît vide. Des relations plus superficielles ne sont plus là pour donner l'illusion que Dieu suffit...

Or ce creux ressenti est une étape indispensable pour apprendre à aimer sans accaparer. La tentation est grande cependant de combler le vide d'une affectivité « sous employée ». La recherche de nouvelles relations, de marques d'affection, la fuite de la solitude (écoute de cassettes, travail manuel à outrance, travail intellectuel, conversations sans contenu, bavardage, etc.) : autant de réflexes spontanés qui jaillissent devant la prise de conscience de la fragilité de l'affectivité.

Une Pâque est nécessaire pour la faire grandir, la purifier. Mais malheur à celui qui s'aventure trop vite sur cette route. Un chemin doit déjà avoir été parcouru pour affronter la solitude de la vie religieuse et a fortiori de la vie monastique ; sinon une régression se produira accompagnée de mille compensations, au lieu de la maturité. Un arc trop tendu craque. À notre époque où l'adolescence dure jusqu'à la trentaine, il est important d'y faire attention.

Sur ce chemin, il ne faut pas se décourager, mais accueillir tout ce qui est découvert dans le cœur, l'ouvrir à Dieu dans la prière, en parler à un conseiller spirituel compétent.

Rôle pédagogique de la mort

Une certaine contradiction existe entre notre prière et notre attitude face à la mort. Nous disons chaque jour à Dieu : « Notre Père..., que ta volonté soit faite, que ton règne vienne. » Mais sommes-nous vraiment pressés de rejoindre le Seigneur ? Bien des chrétiens entrent dans le Royaume à « reculons » ! Ils doivent être quelque peu gênés en se trouvant devant le Seigneur qui les attend pour les combler de ses dons, alors qu'ils ne voulaient pas y aller...

La mort a un rôle pédagogique. Elle fait prendre conscience de la précarité de toutes choses : à chaque instant, tout peut être brisé. Et pourtant la pensée de la mort n'engendre pas le désespoir, car nous sommes plus que ce que nous avons ou faisons. Une part de nous-même transcende tout cela. La mort nous conduit ainsi à réfléchir au sens de notre vie : il est transcendant et nous sommes appelés à l'éternité. Si la mort met un terme à tout notre agir, c'est que nous sommes faits pour plus grand, pour quelque chose qui ne finit pas. Un test est le chômage : cette situation s'accompagne parfois de dépression : sentiment d'inutilité, de vide, impression que le travail accompli ne mène à rien. Peut-être que le travail n'avait été effectivement qu'un faire, une question de compétence, de savoir, sans dimension d'éternité ? Dans cette expérience qui est une expérience de mort au cœur de la vie, la possibilité de faire une expérience fondamentale est offerte : le détachement de ce qui n'est que l'enveloppe de notre existence peut être l'occasion de découvrir notre fin réelle : partager l'éternité de Dieu.

Sans la perspective de la vie éternelle, il semble que deux solutions seulement soient envisageables : le désespoir ou la jouissance effrénée de ce qui nous a été donné par Dieu pour en user, ce qui est une forme de divertissement. La jouissance peut d'ailleurs se transformer du jour au lendemain en ennui, en dépression, en tristesse.

Un modèle ?

Dans la vie chrétienne, le Christ est le seul modèle ; c'est lui que nous avons à imiter. Mais un homme ou une femme en chair et en os peuvent aussi être perçus comme un reflet du Seigneur. Il incarne en quelque sorte des valeurs évangéliques qui, à travers lui, apparaissent belles et se mettent à vibrer en soi.

Un modèle peut exercer une influence à son insu, simplement par sa façon de vivre qui donne envie à un jeune de vivre de certaines valeurs.

Une première façon de se servir de son modèle est la copie. Son comportement va être comme mimé. Cela ne fait grandir en rien, et plutôt emprisonne et paralyse la croissance.

Le modèle peut aussi renforcer l'image de soi. Les valeurs qu'il incarne forment comme un miroir où le jeune se regarde pour s'apprécier. Il se compare à la perfection supposée de son modèle pour apprécier sa propre perfection. Il s'identifie le plus possible à l'image que le modèle l'a amené à se forger ; il rentre

dans un moule. Mais les valeurs transmises par le modèle sont extérieures à lui. Tôt ou tard, il se découragera, car elles mettent sous ses yeux une perfection inatteignable !

Ces deux attitudes conduisent à des déviations, elles dépersonnalisent.

Le bon usage d'un modèle conduit à percevoir en lui des valeurs qui sont porteuses de vie, de dynamisme. Il ne s'agit plus alors de s'identifier, mais de développer peu à peu les valeurs découvertes. Elles deviennent comme une colonne vertébrale et sont assimilées d'une façon très personnelle. Les fruits qui en résultent en sont imprégnés, tout en étant différents de ceux du modèle.

S'il est important d'avoir des modèles au sens de références il est aussi important de bien les choisir, car l'influence exercée par un modèle est très profonde et marque souvent toute la vie. Il faut apprécier soi-même les valeurs perçues.

Le bonheur

La vie est le bien le plus précieux. L'homme cherche à la prolonger le plus possible. Pour échapper à la mort, pour demeurer en vie, il est prêt à tout sacrifier. Mais la vie Estelle vraiment le bien suprême ? Ce n'est pas sûr. Car une vie dans le plus grand confort, à l'abri de la maladie, peut s'accompagner de souffrances qui la rendent pesante, surtout lorsqu'elles touchent l'affection portée à des proches. Pour que la vie mérite ce nom, elle doit donc s'accompagner de bonheur et d'un bonheur qui ne finit pas. Le fait de savoir que la mort est au terme de la vie suffit en effet à ternir le bonheur, à y introduire l'angoisse, l'insécurité.

Tout bonheur, aussi long qu'il soit, a une fin : il est donc court ! Tout ce qui a une fin n'est pas un vrai bonheur. Et la mort, la nôtre ou celle de nos proches, met un terme à nos projets, à nos entreprises et surtout à nos relations. L'homme n'existe-t-il pas pour mourir ? Car c'est une chose certaine : *« La naissance est elle-même une maladie dont on meurt inévitablement. »* Le contraste est saisissant entre l'expérience de la mort qui met sa marque dans tout l'agir de l'homme et le désir de vie, de bonheur, d'éternité, qu'il porte en lui. Sans durée, il est donc impossible de parler de bonheur. Mais le temps qui s'écoule fait prendre conscience que rien n'est stable : il emporte inexorablement tout ce qui avait semblé apporter le bonheur. Cette expérience réveille la soif d'une autre vie, stable et sans fin. Une question surgit : le bonheur est-il possible dans un univers marqué par la mort ? Pour éviter de se la poser ou faute de pouvoir y répondre , l'homme moderne cherche le plus souvent le divertissement : sa vie est en surface. C'est rester un perpétuel adolescent qui ignore ses limites et ne les a pas acceptées. Car la réalité de la mort est une des limites de notre condition humaine. Une vie remplie de bonheur ne se trouve pas dans les réalités de notre monde : il faut la chercher auprès de celui qui nous appelle, qui est tout proche de notre cœur.

Désirs et désir

Chacun porte en lui une multiplicité de désirs qui le tirent de tous côtés. Dans un monde affairé et pressé d'avoir tout, tout de suite, la recherche de l'assouvissement de ses désirs disperse l'énergie, affaiblit la volonté, la rend captive. Dieu ne se lasse pourtant pas de toucher le cœur pour y éveiller un désir d'infini, une soif d'éternité, mais ce désir retombe vite, et s'englue dans le faire, l'avoir.

C'est en effet le même désir qui, attiré par Dieu, dilate le cœur et le remplit de paix, et qui, attiré et captivé par les choses sensibles, éparpille le cœur et le remplit de tristesse, de regret.

Comment permettre au désir de retrouver de façon stable son orientation vers Dieu ? Il est indispensable que Dieu ait du goût, que sa bonté et sa beauté attirent. Car comment désirer sans être attiré ? Et comment être attiré par ce qui n'exerce aucun attrait ?

La première urgence n'est donc pas une catéchèse, mais la transmission d'une expérience, par osmose en quelque sorte : la passion est contagieuse.

Nous avons moins besoin de théologiens patentés que d'êtres passionnés de Dieu.

Heureux celui qui entend un jour sur sa route une parole émanant d'un cœur qui goûte Dieu. Elle fera vibrer son propre cœur à cette même profondeur.

Et celui-là n'aura de cesse qu'il ait pu rejoindre ce lieu, l'habiter de façon stable. C'est la découverte du chemin de l'intériorité.

Cette découverte nécessite de la patience, car le désir retombe vite tant qu'une conversion au niveau de la vie concrète n'a pas mis en place des attitudes en harmonie avec ce qui attire. Il ne faut donc pas se décourager, mais poursuivre la route : ce n'est pas le résultat qui a du prix aux yeux du Seigneur, mais le désir du cœur. Ce désir qui cherche Dieu ne peut qu'être exaucé, mais il est bon de faire l'expérience que c'est un don.

Assumer sa personnalité

Les blessures

Beaucoup de jeunes sont repliés sur eux-mêmes, emmurés dans leur souffrance. Malheur à celui qui chercherait à forcer leur carapace. Il risquerait de mettre le doigt sur des blessures qui suppurent et font mal, et provoquerait révolte et colère ! Et pourtant Quelqu'un Dieu cherche à descendre en ce lieu vulnérable pour y demeurer. Il cherche à faire une brèche dans la blessure même, pour y descendre et nous faire descendre avec lui en ce lieu que nous fuyons.

Seul, il serait impossible de faire cette descente ; mais sous son regard qui éclaire et réchauffe, il est possible de s'aventurer dans cette zone pas à pas. Si on l'y laisse tant soit peu pénétrer, le Seigneur remplit ce lieu de lumière et de paix ; la réconciliation avec soi-même commence.

Il est vrai que le remède sur la blessure fait le même effet que l'alcool sur une plaie : il cautérise, mais brûle. Cependant cette souffrance est bonne.

Donc lorsqu'une blessure se réveille, il est néfaste de se révolter, de se replier sur soi-même. Il faut tout simplement apprivoiser le lieu de souffrance, s'en approcher, l'ouvrir sous le regard du Seigneur. Peu à peu la brèche s'agrandit, jusqu'à ce que tout ce qui était dans l'ombre soit mis à la lumière, aimé de Dieu... et aimé de soi-même. Ce qui était ressenti comme une honte, n'est-ce pas le trésor le plus précieux de la vie ? Ce qui a permis de s'ouvrir à l'Autre ? D'apprendre à s'aimer tel que l'on est et donc d'apprendre à aimer l'autre ?

Au lieu d'être un parasite qui disperse l'énergie et la gaspille, le lieu de honte devient le lieu où l'énergie de Dieu se mêle à la nôtre. C'est le lieu de la prière, la source du dynamisme spirituel, le lieu de la compassion, le lieu où s'amorce un chemin d'humilité.

Ce qui était simple blessure, prend une dimension spirituelle, et occupe même une place de choix dans la vie spirituelle.

L'intériorité

Parler d'intériorité renvoie à un espace : un dedans, opposé à un dehors. Notre monde intérieur, tout comme le monde extérieur, a ses dimensions : dedans, dehors, en bas, en haut. Chacune a sa spécificité et est reliée aux autres. L'intériorité est exprimée couramment par le terme âme : ce principe spirituel qui est au plus profond de nous-même. Il ne s'agit pas bien sûr de l'interpréter comme opposée au corps : le corps, comme l'âme, c'est moi. Mais en parlant de l'âme, ou du cœur comme aiment à dire les spirituels, je fais appel à la dimension immortelle de moi-même, faite pour une vie éternelle, pour une vie qui comporte une plénitude bien supérieure à celle que notre monde nous propose.

Pourtant il est souvent difficile d'accéder à l'intériorité. Nous sommes englués dans le sensible, le tangible, l'immédiat, et la société de consommation ne fait qu'hypertrophier cette dimension de notre être. Lorsque l'occasion d'une plage de silence ou de solitude condamne au désœuvrement notre zone la plus superficielle, la première réaction est l'ennui, l'inquiétude, l'angoisse. N'y aurait-il pas un vide au fond de nous-même ? Heureux celui qui maîtrisera sa réaction. L'occasion lui est donnée de revenir de l'extérieur à l'intérieur, de découvrir le monde de l'intériorité. Mais on ne peut que se sentir gauche dans ce monde inconnu. La persévérance à demeurer dans ce qui apparaît tout d'abord un vide, permet de prendre conscience de la présence en nous de sens qui nous permettent d'explorer ce monde nouveau, connu jusque-là de façon théorique. Nous avons une oreille intérieure qui entend la Parole de Dieu, un palais qui nous permet de la goûter, une bouche qui a faim de se nourrir du Christ, des yeux qui perçoivent quelque chose de la lumière du Seigneur, des pieds qui nous font courir vers Dieu par la charité. L'intériorité donne une connaissance expérimentale du monde de Dieu, elle procure la paix et la joie. Mais une longue persévérance est nécessaire.

La loyauté envers soi-même

Il est difficile d'être totalement vrai envers soi-même, sans jamais biaiser, sans prendre la tangente, pour éviter de se voir tel qu'on est. La loyauté envers soi-même est pourtant la première condition d'une vie spirituelle authentique : « La vérité vous rendra libres. » Une question rend cette loyauté difficile : le mal ou les faiblesses que je connais en moi, ne risquent-ils pas d'empêcher le Seigneur de m'aimer ? S'il s'y rajoute encore ce que je découvre, ne va-t-il pas trouver que c'est trop ?

C'est percevoir Dieu comme un juge. Ce n'est pas la vérité de nous-même qui est le véritable obstacle, mais l'image de Dieu que nous nous faisons. Peut-être d'ailleurs est-elle une simple projection de notre propre attitude ? Il est fort probable qu'un peu d'attention nous ferait déceler dans notre comportement envers les autres, celui que nous imputons à Dieu ! Il est bon, pour progresser, de relire tous les passages des prophètes où nous est rappelé que l'amour de Dieu pour nous est comme celui d'une mère, d'un père, d'un époux. Son amour ne tient pas un compte rigoureux des péchés, il cherche avant tout à être reçu, partagé. Le Seigneur ne cherche pas la perfection, il veut communiquer son amour au cœur humble.

Être loyal avec soi-même, c'est savoir qu'il y a de grandes zones en nous qui n'ont pas encore été visitées par l'amour, qui sont encore dans les ténèbres attendant que la lumière les illumine. C'est donner à Dieu la possibilité d'être Dieu pour nous. Alors pourquoi avoir peur ?

Nous faisons la joie de Dieu chaque fois que nous acceptons de regarder en nous le mal dont il connaît déjà l'existence. Car pour le guérir, pour le faire déborder de son amour, il veut que nous le lui demandions : nous apprenons par là à dépendre de lui, à compter sur lui, à lui faire confiance, à lui remettre toute notre vie. La détente et la joie intérieure grandissent alors dans le cœur.

Sincérité et hypocrisie

Les jeunes cherchent à être sincères. Ils considèrent couramment cette attitude comme positive, sans se rendre compte du piège qu'elle cache. Sincérité est opposé à hypocrisie. Or si la sincérité est la valeur de base de mes relations, je vais les juger hypocrites lorsque je dirai ou ferai quelque chose qui ne sera pas motivé par ce que j'éprouve sur le moment. Par exemple, si je souris à quelqu'un contre qui j'ai une grande colère, je vais me taxer d'hypocrite. Et j'attendrai pour lui sourire à nouveau d'éprouver un sentiment de bienveillance à son égard.

Donc, au nom de la sincérité, mon comportement changera constamment, il sera en perpétuelles dents de scie. Il sera dépendant de l'humeur du moment, qui deviendra le critère d'appréciation de mes actes.

De cette attitude résulte l'incapacité à durer et à s'engager. Aujourd'hui tel état de vie me procure de la joie. Mais qu'en sera-t-il dans six mois ou un an ? Il y a là une logique impossible à récuser. Comment connaître ce que j'éprouverai à une pareille distance ? La sincérité ne peut s'apprécier que dans l'instant ou pour un laps de temps de quelques jours ; une semaine paraît déjà un lointain qui échappe totalement.

Avant tout engagement, que ce soit le mariage ou la vie religieuse, il est nécessaire de recevoir une formation assez longue qui fasse percevoir une autre relation au temps.

L'apprentissage de la liberté, l'acquisition des vertus, la découverte des valeurs (le beau, le bien, le vrai), les épreuves qui exercent la patience, sont le meilleur chemin pour fonder ses actes sur des réalités objectives et non sur la mouvance de la sincérité des sentiments.

Un facteur de stabilité s'ensuivra, et la possibilité de concevoir la durée.

La sensibilité

La sensibilité est souvent un obstacle à la croissance spirituelle. Elle provoque des réactions irréfléchies qui font réagir au quart de tour en face des situations et empêchent d'avancer. Que faire ? Il ne suffit pas de dire qu'on est trop sensible, il faut commencer par se demander comment « fonctionne » la sensibilité.

La sensibilité recueille des informations qui provoquent des émotions diverses. De l'hostilité ou de l'attirance, par exemple, pourront être ressenties en face de quelqu'un, avant même d'avoir perçu pourquoi.

Il faut recueillir ces informations peur, sympathie, colère etc. , mais en se gardant de les prendre comme une vérité en soi suffisant à justifier un comportement. Car la sensibilité provoque des émotions de même nature face à des situations, événements ou personnes fort divers, et cela peut créer de sérieux malentendus ! Pourquoi, en effet, quelqu'un ressent-il de la colère à l'égard d'un voisin qui de toute évidence cherche à lui faire plaisir ? Si, dans une autre circonstance, cette personne a cherché à lui créer des ennuis, la sensibilité a assimilé cette personne à la sensation de souffrance. D'un certain point de vue, qui est justement celui de la sensibilité, les deux situations ont donc quelque chose de semblable : la même personne est en cause. Pour que le jugement moral ne soit pas à la merci de la sensibilité, il est nécessaire de faire intervenir l'intelligence, car des données d'un autre ordre interfèrent, qu'il est indispensable de bien situer pour porter un jugement juste. Ce n'est pas la sensibilité, par exemple, qui peut percevoir si le changement d'attitude du voisin est une simulation ou le fruit d'une conversion !

La sensibilité est une grande richesse, mais elle doit rester dans son ordre propre et ne pas prendre le gouvernail de notre vie. Pour intégrer ses émotions, la maîtrise de soi enseignée par les Pères du désert est une aide très efficace. La richesse des émotions se trouve alors canalisée par les vertus.

Comment gérer les « creux » ?

Qui n'a senti un jour un creux l'envahir ? avec le sentiment désagréable que son être s'éparpillait, se désagrégeait ? Un malaise indéfinissable donne alors le dégoût de continuer la journée, la semaine. L'énergie qui propulse en avant semble avoir disparu. La tête est vide, le corps est las. Jusques à quand ?

Si ce mal n'est pas soigné, la vie risque de se disloquer pour de bon. Une instabilité s'ensuit avec le cortège de maux annexes qui servent de fuite pour échapper au malaise : activisme, boulimie intellectuelle ou alimentaire, achats inconsidérés en tout genre, affectivité exacerbée. Il faut à tout prix échapper à ce creux si insupportable. Mais plus on le fuit, plus il augmente, car là n'est pas l'issue. La cause vient de la rupture qui s'est produite entre la

zone dure », solide, tissée serré, qui est au fond de notre être, et toutes nos facultés. En d'autres termes, l'intériorité n'était pas assez développée pour faire à face à la situation qui s'est produite. Ce n'est plus en elle que la pensée, l'action, ont puisé leur source. Alors tout s'est effiloché. Les heures passant, le mal s'aggrave.

Comment réamorcer ? Il ne faut surtout pas lâcher ce qui favorise le développement de l'intériorité : la prière, des plages de silence, de solitude. Affronter tout cela semble impossible : le goût n'y est pas. Mais peu importe. Même si l'esprit n'y est pas tout à fait présent, le fait même de se remettre sur ce chemin commence à rassembler le cœur, comme dit le psaume. C'est l'intelligence qui doit guider l'agir en ces moments-là et non la sensibilité. Ceci est capital pour arriver à se remettre debout et à y rester de façon de plus en plus continue.

Il faut de la lucidité sur la situation pour progresser, savoir que c'est une lente conquête, et surtout ne pas se décourager. Peu à peu la zone dure de notre être s'épaissit et devient capable d'assumer de plus en plus de choses : les creux diminuent en intensité et en fréquence.

Incarnés !

Le corps

Il n'est pas toujours facile d'intégrer le corps dans la vie spirituelle. Pourtant comment aspirer à l'unité intérieure qui procure la paix, la joie, le bonheur, si le corps est laissé pour compte ? Tout l'être doit être assumé pour parvenir à une unification. Mon corps, c'est moi. Il est donc indispensable de l'intégrer dans le processus de croissance spirituelle. Il s'agit bien d'une croissance. Donc la participation du corps à l'unification de la personne, comme celle de tous les autres niveaux de notre être, a besoin de temps pour se mettre en place. Il faut commencer par accueillir son corps dans toutes ses dimensions, accepter qu'il ne soit pas parfait.

La première dimension de notre corps est sa dimension anatomique, physiologique. Elle est en lien intime avec la santé, et aura des répercussions directes sur les autres niveaux de notre être. Le progrès dans la vie spirituelle doit intégrer une connaissance de son corps, de son fonctionnement. Il en dépend dans une certaine mesure. Par exemple un mauvais fonctionnement du système neurovégétatif, qui peut provoquer une dépression, ne doit pas être confondu avec l'acédie. Mais l'un peut avoir une influence sur l'autre. Toutes les pulsions qui sont ressenties dans le corps doivent aussi être reconnues comme normales, sans y mettre immédiatement une coloration morale.

Le corps est aussi un facteur important dans les relations. D'abord dans la relation à soi-même : l'affectivité ne peut se mettre en place que si le corps est intégré dans la paix et la joie. Le corps joue aussi un rôle dans la relation aux autres. Comment vivre de la charité, si on exclut le corps ? Le corps est encore partie prenante de la relation à Dieu : tout notre être appartient à Dieu, est un lieu où il veut venir habiter. La grâce de Dieu pénètre dans le cœur et dans tout le corps.

Mais pour parvenir à une véritable intégration du corps, une pédagogie est nécessaire qui commence par la découverte des valeurs spirituelles. Nous ne sommes pas qu'un corps !

La chasteté

Au cœur de la sexualité, il y a un désir qui porte l'homme ou la femme vers l'autre. Ce désir est spirituel, mais il s'enracine très profondément dans le corps. La physiologie lui donne un rythme, comparable à celui de la nature, le rendant ainsi solidaire du cosmos.

Ce désir se déploie dans l'imaginaire qui représente à l'esprit des situations ayant l'allure de la réalité. C'est une forme de langage qui donne consistance au désir, et permet d'en prendre conscience. Mais ce travail est délicat, car une morale rigide et à base d'interdits peut intervenir dans ce travail de découverte de soi-même et en bloquer le développement. La peur et l'angoisse, venant de ce préjugé moral, paralyser alors ce qui est une dimension capitale de la personnalité : l'aptitude au don de soi. L'adolescent qui découvre sa sexualité dans un pareil contexte ne pourra pas l'épanouir. Il va en faire un domaine tabou et cet enfermement d'une richesse faite pour le don va provoquer bien souvent des réactions de repliement sur soi. La masturbation qui est pour lui une manière de découvrir son corps, va devenir sujet d'angoisse. S'il est chrétien, il va en faire le principal sujet de ses confessions et ne pourra que se décourager. Car l'important serait d'apprendre à l'assumer, non à le juger. Si personne ne se trouve sur sa route pour l'aider à ce travail, la situation peut rester bloquée pendant des années, risquant de provoquer un affolement intérieur.

Comment apprendre à l'assumer ? Il est indispensable de mettre la parole dans cette zone de l'être pour l'objectiver, la reconnaître pour ce qu'elle est, avec sa richesse. Il est important de l'accueillir avec un a priori de bienveillance à son égard.

Le désir qui en est l'élément fondamental, pourra alors peu à peu se sublimer, sans rien nier de sa dimension corporelle et psychique. Il se tournera peu à peu vers Dieu, vers l'autre, transformé par la charité. Mais c'est un travail de longue haleine qui prend des années, et donc ne se fera pas sans faux pas.

Le désespoir

Il est des moments où tout ce qui semblait avoir rempli la vie, lui avoir donné un sens semble crouler. Des années s'écroulent. Et plus ces crises se produisent à un âge avancé, plus elles semblent mortelles. Car y a-t-il encore une espérance possible ? Le désespoir peut même aller jusqu'à la pensée du suicide devant le vertige qui saisit. Certains arrivent à reprendre pied par des activités multiples qui font de leur vie un véritable tourbillon. D'autres échappent à la question posée par l'usage de médicaments. Mais la crise pourra se reproduire à la première occasion, car aucune réponse n'a été apportée.

Ces crises peuvent être très bénéfiques, mais exigent une totale loyauté avec soi-même. Il faut faire le bilan du passé en toute vérité, en saisir la vanité et l'inconsistance foncière. Mais dans cet instant de vérité qui ébranle jusque dans sa racine la confiance en soi, quelque chose au fond de l'être demande à vivre, et toute la vie se joue dans cet instant : acceptera-t-on de miser sur ce petit germe, encore presque invisible ? Il faut un acte de foi pour croire à la possibilité de son développement, mais il a l'avantage d'être. Quoi de plus solide, en réalité. Une tentation sera là : rechercher des apparences qui ont plus de poids, et retourner dans le circuit vide et vain rapidement réamorcé qui a provoqué l'effondrement.

Toute la vie se joue dans cette décision ; cet instant porte tout l'avenir, bien que dans un pressentiment plus que dans une claire conscience. Un homme nouveau naît de cet instant, désormais irréductible aux déterminismes de l'entourage, aux pensées toutes faites, aux jugements des autres. Tout désir de paraître est banni, car la mort s'ensuivrait de façon peut-être irrémédiable cette fois. Une rencontre du Dieu personnel qui conduit notre vie s'amorce dans cette épreuve.

Celui qui a fait cette expérience est passé à l'âge adulte. Il peut désormais assumer ses manques et ses faiblesses dans la paix. Il a pris la mesure de ce qu'il est, sans peur.

L'autorité

L'autorité fait problème à nombre de jeunes. Ils s'y heurtent, la ressentent comme une brimade qui les empêche d'être eux-mêmes. Elle leur apparaît comme opposée à la liberté.

Tant que quelqu'un se cherche, il ne pourra pas accepter de se soumettre à une autorité, car il n'a pas pris la vraie mesure de ses manques et de ses lacunes. Il cherche à s'appuyer sur lui d'autant plus qu'il pressent que la solidité lui fait défaut, mais il ne veut pas se l'avouer. Il ressemble à un bloc que le moindre choc ferait éclater. Il ne peut donc accepter ce qui vient de l'extérieur. Il ne sait pas non plus qui il est, n'ayant pas encore fait l'expérience de l'intériorité. Il perçoit donc l'autorité comme lui imposant une identité de l'extérieur, alors qu'il cherche la sienne.

Celui qui a fait l'expérience de l'intériorité sait que rien ni personne ne peut le séparer de cette profondeur de lui-même à moins qu'il n'y consente librement. Ce que demande l'autorité sera alors intériorisé, comme la loi.

Celui qui a passé la crise qui fait parvenir à l'âge adulte sait que sa vie est dans une totale dépendance de Dieu, que par lui-même il est fragile. Il a accepté ses manques dans la paix et sait qu'il lui est souvent arrivé de se tromper sur son vrai bien. Il peut donc accepter avec sérénité qu'un autre ait plus de lumière que lui sur son chemin et puisse éventuellement se tromper.

C'est un danger pour un jeune, surtout dans la vie religieuse, d'avoir des supérieurs qui n'ont pas une claire perception des étapes qui conduisent un jeune à la maturité. Deux écueils peuvent alors se rencontrer. Le premier est une attitude sévère pour les jeunes qui n'acceptent pas l'autorité et la remettent en cause : c'est le meilleur moyen pour perdre leur confiance et les empêcher d'avancer. Le second danger est d'établir la relation au niveau affectif : là encore c'est paralyser le jeune, le figer dans l'immaturité et provoquer une crise qui sera peut-être encore plus violente, car il n'a aucune profondeur intérieure.

La lecture

Certains ont un goût spontané pour la lecture, mais sont toujours en quête d'un nouveau livre à lire, accumulant connaissances sur connaissances : la lecture devient une forme de boulimie.

D'autres papillonnent d'un livre à un autre, sans jamais en finir aucun, oubliant ce qu'ils ont lu au fur et à mesure. L'habitude de regarder la télévision peut être la source de cette incapacité à se fixer, mais il y a plus.

Dans les deux cas, le manque d'intériorité est en cause.

L'intériorité cherche à rejoindre la profondeur de l'expérience d'où l'écrit est né. Elle éprouve donc le besoin de reprendre plusieurs fois la lecture d'un même ouvrage, en laissant entre chaque lecture un long intervalle de temps. La lecture assidue d'un auteur avec qui on se sent en affinité contribue à éveiller la part la plus précieuse de son être ; elle devient facteur d'unification.

La lecture faite à partir de l'intériorité permet de rejoindre l'auteur, de comprendre ce qui est lu de l'intérieur, et d'enrichir ainsi sa propre expérience. Elle nourrit le cœur et féconde l'intelligence. Elle n'encombre pas la mémoire, car elle assimile la profondeur du livre au lieu de compiler des connaissances qui risquent de provoquer un jour un éclatement. Car si les connaissances sont hypertrophiées par rapport à la capacité d'intériorisation, l'unité de l'être est en danger, une crise s'ensuivra tôt ou tard, à moins que les connaissances ne jouent le rôle d'un divertissement...

Mieux vaut lire une demi-page qui enrichit le vécu que des piles de livres qui font fonctionner l'intelligence en circuit fermé.

Il est bon de sélectionner quelques livres qui ont profondément marqué et d'y revenir régulièrement. Leurs auteurs pourront alors jouer pour nous le rôle de maîtres.

La liberté

Demander à jeune ce qu'il entend par liberté, c'est s'exposer à avoir une réponse quasi uniforme : « Être libre, c'est faire ce que je veux, quand je veux. » Cette simple réponse permet de tester toute la formation à mettre en place, avant de devenir adulte.

Se sentir libre lorsqu'on fait ce qu'on veut, c'est être esclave de la mobilité de ses sensations, de ses désirs ; c'est vivre dans l'instant, sans fondement stable ; et c'est être prêt à tout remettre en cause lorsque l'envie sera passée. La moindre contrainte sera perçue comme insupportable et toute vie commune, dans le mariage ou dans la vie religieuse, est vouée à l'échec.

Comment devenir libre ?

Pour être vraiment libre, il faut avoir découvert un bien qui apparaît comme désirable. On aura alors le désir de le posséder et de tout mettre en œuvre pour cela quoi qu'il en coûte. Pour qu'une chose soit un « bien », il faut qu'elle soit bonne en elle-même et bonne pour moi. Toute une réflexion, toute une éducation, seront nécessaires pour savoir quels sont les biens qui méritent d'être choisis, qui méritent qu'on consacre sa vie à les rechercher. La liberté ne s'acquiert pas en un jour, elle nécessite un long combat. L'éducation à la liberté va donc de pair avec une ascèse exigeante, car choisir un bien implique de renoncer à tout ce qui empêche de l'atteindre et par conséquent de faire un choix parmi des biens divers.

Notre vrai Bien, c'est Dieu. Devenir libre, c'est avoir mis Dieu au cœur de sa vie, c'est trouver sa joie dans les commandements qu'ils nous a donnés pour nous montrer la route du bonheur, c'est peiner pour pratiquer les vertus. La constance à rester sur ce chemin quoi qu'il en coûte, fait parvenir à une liberté parfaite : un cœur rempli de la charité donnée par le Saint-Esprit. La plus grande joie est alors de faire la volonté de Dieu.

Joie, plaisir, sont les signes d'une vraie liberté. On est loin de la morale du devoir et de l'obligation, du permis et du défendu.

Une harmonie des relations avec les autres

Se décentrer de soi-même

Le pas peut-être le plus difficile à faire, est le décentrement de soi-même. Nous naissons en quelque sorte centrés sur nous-mêmes. Il n'est donc pas évident de s'apercevoir que c'est un mal qui nous ronge et perturbe l'harmonie des relations avec les autres.

quoi reconnaît-on une personne centrée sur elle-même ? Elle cherche son propre intérêt et non celui des autres ; elle partage difficilement, elle manifeste peu de compréhension pour l'autre, elle est facilement dure, cassante lorsqu'elle a à commander, remet difficilement ses opinions en cause, aime les relations... mais pour son propre profit, pour la richesse qu'elle en retire. Elle sera facilement jalouse ou égoïste. Bref, être centré sur soi-même, c'est cultiver les vices dont nous héritons à notre naissance. C'est cultiver son moi à outrance !

Pour se décentrer de soi-même, il faut avoir pris la mesure de sa fragilité, l'avoir acceptée avec sérénité, se savoir de la même pâte que les autres, ayant besoin de la même miséricorde. Pour y parvenir il faut avoir progressé dans l'intériorité, avoir fait une expérience du salut. Il est alors possible de compatir, de patienter, d'espérer en l'autre, sans aucun retour sur soi, en ne cherchant que le bien de l'autre. L'oreille se fait attentive à ses questions dans leur originalité. Tout ce qui plaît à l'autre convient, la recherche du bien commun passe avant celle de son bien propre. La principale préoccupation sera : qu'est-ce qui est le plus apte à procurer le bonheur de l'autre ? Cette question, devenue l'enjeu de toute l'activité déployée, l'emportera sur la recherche de l'efficacité ou du rendement. Une souffrance l'accompagnera, quand le don ne sera pas reçu par l'autre à un niveau de don. Mais ce n'est peut-être pas encore son heure.

Le meilleur portrait du chrétien décentré de lui-même et tourné vers les autres, nous est peut-être donné dans l'hymne à la charité de la première épître aux Corinthiens. Se décentrer de soi-même, c'est le chemin de la sainteté.

Le sens de sa vie

On entend souvent la question : quel sens donner à la vie ? C'est regarder sa vie comme une poterie que l'on façonne de l'extérieur. Pour donner un sens à ma vie, je vais alors lui trouver un but : un travail, une œuvre de dévouement, une recherche intellectuelle. Mais donner un sens à sa vie peut faire passer à côté de l'essentiel qui est de découvrir le sens de ma vie. Ce qui est radicalement différent. Donner un sens à sa vie peut être de l'ordre du divertissement, de l'occupation.

Découvrir le sens de sa vie est un travail de longue haleine. Il n'est pas de l'ordre de la détermination volontaire. Il s'agit plutôt d'accueillir tout ce que l'on porte en soi, même si l'on n'en perçoit pas la cohérence immédiatement. Découvrir le sens de sa vie est aussi lent que la découverte de l'intériorité, car les deux vont de pair. On n'y parvient que lentement, après avoir fait l'apprentissage de la fidélité à soi-même en de multiples occasions. Il faut du temps pour toucher la profondeur de son être où tout s'unifie, pour vivre en paix avec soi-même. Les épreuves de tout genre aident à percevoir que tout converge, bien qu'à partir de points qui semblaient divergents à l'origine échecs et réussites, deuils, joies, connaissances accumulées, déceptions sur soi-même, etc. Tout ce qui a été vécu est intégré pour faire de soi-même un être absolument original, irréductible à tous les schémas préfabriqués. On est alors heureux de correspondre à ce que l'on est. Une certitude habite : rien de l'extérieur ne pourra rompre cette unité, l'empêcher de se fortifier, sauf par une décision libre.

Il faut avoir approché de ce lieu avant de prendre un engagement religieux. Il est impossible de persévérer toute une vie, si le point d'encrage est autre que la loyauté et la fidélité à soi-même. Seule cette expérience rend possible d'envisager sans peur une durée qui englobe toute la vie. On peut mesurer là l'importance d'une structuration humaine et chrétienne authentique, avant tout engagement pour la vie, quel qu'il soit.

Assumer sa famille

Le passage à l'âge adulte comporte une mise au clair de la perception de la famille. Les expériences familiales des jeunes ont souvent provoqué des blessures. Elles ont été souvent gardées secrètes et sont accompagnées d'une certaine honte. Une identification aux parents, non explicitée, est sous-jacente. Il est donc important de pouvoir mettre la situation au clair, d'apprendre à dire comment la famille est perçue, pourquoi la situation est cause de souffrance non assumée. Mais mettre la lumière dans un domaine qui est à la fois objet d'amour et de rejet demande beaucoup de délicatesse.

Une quête implicite de la famille idéale apparaît dans le dialogue. Il est important de dire que les parents ont le droit d'être aimés avec toutes leurs faiblesses, cachées ou visibles. Les visibles étant d'ailleurs souvent cause de plus grande souffrance, car l'entourage porte un jugement dessus.

Il faut d'abord amener le jeune à prendre conscience de ses propres faiblesses, de ses fragilités, de son péché. Alors pourquoi s'étonner de trouver tout cela chez son père et sa mère ? Ils ont donné ce qu'ils ont pu avec ce qu'ils étaient et ce qu'ils ont eux-mêmes reçu. Pourquoi leur reprocher de ne pas être un modèle idéal ? Ils ont plutôt besoin d'être aimés comme ils sont.

Une démarche auprès d'un psychiatre retarde souvent la réconciliation avec les parents. Cherchant à déculpabiliser, il met en lumière les lacunes des parents sans les envelopper de compassion. Une haine germe dans bien des cas, venant se rajouter à la blessure. Or secrètement le jeune cherche le chemin de l'amour de ses parents, c'est cela qui lui manque, c'est ce qui l'empêche de percevoir sa famille comme une assise au fondement de son être. La démarche de la psychanalyse est un regard froid d'allure pseudo scientifique sur un lien qui doit avant tout se vivre dans l'amour, le pardon, la réconciliation. Or cela, seul le Christ peut en montrer le chemin. Seul un chrétien qui a fait cette expérience peut y aider.

Le passé. Un obstacle ?

Il y a deux dimensions du passé qui sont cause de souffrance. Le passé subi et le passé actif, si l'on peut parler ainsi.

Le premier comporte des blessures, lourdes parfois, des échecs. Or ces événements sont à tout jamais finis. Tant qu'on en reparle sans cesse, en répétant toujours la même chose jusqu'à déconnecter en partie du présent, c'est le signe que la blessure est à vif, qu'on est enfermé dans le passé. Il est bon d'en parler avec un accompagnateur, non pour se faire plaindre et pour répéter toujours les mêmes choses, mais pour aider les souvenirs à guérir, pour grandir en humanité et pour en faire un lieu de rencontre de Dieu. Le passé devient alors motif d'action de grâces, et plus : un trésor sans prix. Car une telle expérience aurait-elle été possible sans ces blessures ? Ce passé donne une richesse d'expérience, il est un élément important de l'identité.

Il y a un autre passé, beaucoup plus lourd. Il est marqué par des négligences graves, des erreurs, le péché, en un mot par des attitudes qui engagent une responsabilité. Tout cela est peut-être inconnu de l'entourage, mais reste à jamais gravé dans la conscience. Ce passé peut être ressenti comme très lourd, plombant la vie de tous les jours. Car certains actes sont irréversibles, impossibles à réparer. La révolte ou un remord sans fin accompagné de honte peuvent en marquer le souvenir. Mais ces actes font un jour progresser lorsqu'ils sont assumés. Ils conduisent à prendre une plus vive conscience de sa fragilité, de ses limites. Ils font croître dans l'humilité, dans l'évaluation du sérieux de la vie. Ils peuvent être l'occasion de savoir dire : c'est ma faute, d'assumer sa culpabilité dans la liberté. Acte grand s'il en est, source de conversion, de vie nouvelle.

Ces actes passés deviennent alors une occasion de croissance. Ils ajustent davantage à la vérité de soi-même et, par-là, fécondent le présent, permettent de s'y situer avec plus de justesse, et donc de mieux répondre à l'appel de Dieu.

Quelques conseils

Tout d'abord il est important d'accueillir tout ce qui monte du fond de soi-même, tout ce que l'on porte en soi, même si dans un premier temps c'est enveloppé de honte, de remords, de peur, de crainte. Raison de plus pour l'accueillir et y faire pénétrer la lumière.

Il faut ensuite y mettre la parole. Mais ici une prudence est nécessaire : il ne faut pas parler de n'importe quoi à n'importe qui. Car pour faire la paix en lui-même, chacun doit expérimenter que ce qu'il porte en lui est normal, qu'il peut continuer à être aimé comme il est. Il doit sentir que ce qu'il découvre est perçu par l'autre comme une croissance. Or il suffit d'un silence qui juge ou s'étonne pour bloquer pendant des années ce qui commençait à voir le jour. Si cependant un jugement est prononcé implicitement ou explicitement, une pensée peut aider à garder courage : celui qui le porte est le plus malheureux, car il manque du plus élémentaire discernement ! La parole, le dialogue, vont donc aider à débrouiller l'écheveau de toutes les richesses comprimées au fond de soi-même.

Il est bon aussi d'écrire : cela permet de mieux percevoir ce qui s'éclaire, de fortifier une pensée et une parole personnelles, de savoir préciser les point qui posent encore question. Mais écrire, dans ce cas, implique que quelqu'un prendra la peine de lire de qui a été écrit. Car ce qui est en train de naître a besoin d'être conforté par un regard objectif.

Autre élément à gérer : le trouble. Il y a deux sortes de trouble. Le premier vient de ce que des éléments de la personnalité restent dans une perception confuse. Cette confusion crée la peur et le trouble. Ce trouble se dissipe par la parole, la mise à la lumière. Il ne faut pas le confondre avec le trouble qui vient de la mise en œuvre des vices : celui-là est dangereux, il est source de péché, si on le laisse prospérer. Alors que le premier trouble se guérit par la maturité humaine, le second se soigne par le développement de la conscience morale.

Gérer son temps

Le sérieux de la vie

L'insouciance caractérise l'adolescent. Il espère toujours retomber sur ses pieds à moindre frais, ou bien, il « casse » devant les difficultés. Sa vie est en perpétuelle dents de scie. Il est entièrement absorbé par l'instant présent. Il n'a pas encore perçu le sérieux de la vie.

Un jour, celui qui est à l'écoute du plus intime de lui-même perçoit, par une prise de conscience personnelle que personne ne peut donner de l'extérieur, que dans chaque instant quelque chose d'important se joue. Les actes posés ne sont pas comme des papillons qui voltigent, mais ils ont un poids qui contient l'avenir en quelque sorte. Le temps est court, il importe de le gérer au mieux, de ne pas le gaspiller. Le don qui nous est fait à chaque instant est unique. Il n'y a rien de petit dans notre vie : chaque décision, chaque action a un poids d'éternité. L'attention au réel se développe alors, une prise de conscience de sa responsabilité face à son existence émerge. Cette expérience est indispensable pour entrer dans l'âge adulte.

Elle détermine un avant et un après dans l'existence. Rien ne peut plus désormais être comme auparavant. Des forces et des capacités insoupçonnées sont découvertes, qui permettent de faire face de façon juste à ce qui se présente.

Celui qui fait cette expérience s'apercevra un jour que toute sa vie était en quelque sorte contenue en germe dans cet instant, bien qu'il ne l'ait pas perçu lorsque la lumière lui a été donnée. Il s'agit d'une première fidélité à son être profond, qui sera suivie de beaucoup d'autres.

On met souvent cette évolution à l'actif du travail professionnel. Mais on constate que des jeunes ayant exercé une profession n'ont toujours pas pris conscience du sérieux de la vie. Le travail peut aider, bien sûr, à faire cette expérience, mais ce n'est pas lui qui en est la source ; l'aide qu'il apporte ne peut être qu'extérieure.

La comparaison

Se comparer aux autres est un poison mortel. Pourquoi ? Chaque être est unique. Il possède un ensemble de richesses et de faiblesses qui forment un tout. Un élément ne prend son sens que par rapport à ce tout, à l'intérieur de ce tout.

Se comparer à quelqu'un, c'est prendre un élément du tout, le regarder indépendamment de sa relation au tout, et comparer ce qu'il en est de cet élément pour soi et pour l'autre. Cela revient à réduire des personnes à un amalgame d'éléments juxtaposés les uns aux autres qui auraient valeur en eux-mêmes.

Donnons un exemple : je peux comparer mon intelligence à celle d'un autre. Je vais me trouver plus ou moins intelligent. Et c'est la source d'un sentiment de supériorité qui va écraser l'autre, ou d'infériorité qui engendrera la jalousie.

Se comparer à d'autres, ou comparer deux personnes, c'est empêcher chacun d'exister dans son originalité propre. C'est le signe que le seuil de l'intériorité n'a pas été franchi. L'accès à l'intériorité fait percevoir soi-même et l'autre à partir de ce que chacun a d'unique. Des aptitudes sont placées en chacun, prêtes à entrer en action lorsque l'occasion le demandera. Personne ne peut en faire un inventaire pour lui-même : on est chaque jour en train de découvrir qui on est. La prise de conscience de ce que l'on a d'unique et de la nécessité d'y rester fidèle quoi qu'il en coûte, permet de découvrir son chemin, sa vocation propre. Comparer ce chemin au chemin d'un autre ne vient alors même plus à l'esprit, lorsque cette expérience a été faite.

La jalousie est exclue. Ce sentiment donne l'illusion que l'autre a un bonheur plus grand que le nôtre. Comme si le bonheur était une chose que l'on se procure, une réalité extérieure à soi.

Or la source du bonheur, c'est de correspondre aux exigences de son être le plus profond.

Déterminés ?

Nous vivons dans un monde où a cours une conception de l'homme qui laisse peu de place à sa liberté.

L'homme se sent déterminé par son hérédité biologique, familiale, par le contexte social, la formation reçue en divers domaines, etc. Les déterminismes psychologiques ne sont pas les moindres : ils lui servent à expliquer le plus petit de ses comportements. Une fois que l'on a donné une explication psychologique à un comportement mis en œuvre de façon répétitive, on pense souvent que la marge pour un changement est minime. D'où la réflexion bien des fois entendue : je suis comme je suis, il faut m'accepter comme je suis, je ne peux pas changer.

Mais que devient la conversion chrétienne dans ce contexte ? Où situer le péché ? Existe-t-il ?

Il est sûr que nous avons des limites que nous ne pourrons pas repousser, dans tous les domaines énumérés. Mais la marge de conversion est souvent plus grande que ce que l'on croit. Notre foi chrétienne nous le rappelle : tout homme est créé à l'image de Dieu. Celle-ci a été ternie par le péché, comme une pièce de monnaie qui a traîné dans la boue. Mais la grâce, jointe à notre désir de bien, peut parvenir à redonner à cette image sa beauté, sa ressemblance divine.

Cette conviction de l'anthropologie chrétienne, est très importante à remettre en lumière aujourd'hui. On baisse trop vite les bras devant les perturbations psychologiques, devant les blessures des jeunes. Certains, il est vrai, sont « cassés ». Mais beaucoup sont capables de se convertir si on les y aident avec patience, si on leur montre le chemin. Une pédagogie adaptée peut les aider à faire reculer ce qu'ils pensaient être des déterminismes. Ils sont alors aptes à faire l'expérience d'une liberté capable de grandir et d'une saine culpabilité indispensable pour la croissance morale. La grâce de Dieu, encore aujourd'hui, peut opérer des merveilles et faire échapper à un déterminisme désespérant, qui enlève le goût de vivre.

L'amour de soi

Quelqu'un qui n'a pas reçu autant d'amour qu'il l'aurait désiré et qui n'est pas dans ce cas, bien qu'à des degrés divers ? en conclut souvent rapidement qu'il n'est pas aimé. Il n'y a qu'un pas à franchir pour douter d'avoir en soi quelque chose qui puisse être aimé. Celui-là risque fort alors de ne pas s'aimer lui-même. Ne s'accueillant pas, ne s'aimant pas, car ces attitudes lui paraissent dénuées de fondement, il peut en conclure à juste titre, lui semble-t-il : « Si je n'ai rien qui puisse être aimé, estimé, on va me rejeter. » Il vivra constamment sur le qui-vive de voir cette estimation se concrétiser. Une angoisse latente sera présente dans le cœur, prête à s'amplifier dans la solitude, face à soi-même.

Un mécanisme se met en place qui passe, en quelques secondes, d'un manque d'amour ressenti au rejet, en télescopant les étapes intermédiaires. Sans une réflexion objective, il est impossible de mettre un frein à cet engrenage !

Derrière cette attitude qui peut déconcerter ceux qui en sont témoins, il y a une affectivité qui cherche à être comblée, qui crie qu'elle ne l'est jamais assez, et cherche à s'imposer.

Comment sortir de l'impasse ? La foi apporte une première parole de lumière : le regard d'amour dont Dieu nous enveloppe, nous dit que ce que nous sommes est aimable à ses yeux. N'a-t-il pas mis tout son amour à le créer ? De plus sa miséricorde entoure de prédilection ce qui est le plus fragile en nous. Un nouveau regard sur soi naîtra de la rencontre de ce regard de Dieu. Lui nous fait confiance, pourquoi ne pas nous faire confiance à nous-même ? Les marques d'amour déficientes des autres, leurs maladresses, leur dureté parfois, se relativisent alors. Les plus à plaindre, ce sont eux : ils ne savent pas aimer comme Dieu aime. Pourquoi ne pas leur témoigner un peu de la tendresse et de la miséricorde découvertes ?

Une recherche effrénée de tendresse se change alors en don, en amour qui cherche le bien de l'autre.

Lâcher ses appuis

Il vient un temps où il faut lâcher ses appuis, ceux de la famille, des éducateurs, pour voler de ses propres ailes et prendre sa vie en main. C'est en quelque sorte une naissance à une nouvelle manière de vivre ; d'où la peur, à cause du changement apporté dans l'existence, de la responsabilité qui est intuitivement perçue, sans avoir une certitude absolue sur la façon d'y faire face. C'est l'entrée dans l'âge adulte, désirée et redoutée. C'est un « passage », une Pâque, pourrait-on dire. Elle n'est souvent pas faite consciemment avant l'entrée dans la vie religieuse et les formateurs seront alors perçus de façon ambiguë : un attachement affectif risque de paralyser la marche vers Dieu.

Plusieurs facteurs aident à préparer cette évolution et à la faire en douceur : prendre conscience de la situation, de la nécessité pour marcher de lâcher volontairement le petit doigt de la main à laquelle on est accroché ; se risquer à marcher tout seul, quitte à tomber. Un appui facilite la démarche : la Parole de Dieu qui est une lumière sur la route, qui éclaire le chemin, met une confiance inébranlable dans le cœur envers celui qui, lui, ne nous lâche jamais. Sur le chemin qui s'ouvre, tout neuf, devant soi, le Seigneur est un guide sûr..

Au lieu de laisser la peur prendre le dessus, il est bon de saisir les petites occasions qui dans le quotidien invitent à prendre appui sur Dieu, sans courir prendre une main secourable. Le point d'appui bascule. Il faut aussi faire confiance à ses capacités de réflexion et de décision même si elles sont encore fragiles en restant dans l'humilité. C'est à travers la faiblesse et les erreurs que l'on pourra grandir sans peur.

La phrase du psalmiste prend alors tout son sens : « Si mon père et ma mère m'abandonnent, le Seigneur me recevra. » Il devient possible de vivre face à soi-même, devant Dieu. C'est l'entrée dans l'âge adulte.

La vie chrétienne

Deux pieds pour marcher

Être un chrétien debout n'est pas facile. La maturité humaine et l'équilibre psychologique, bien que nécessaires, sont loin d'être suffisants.

Beaucoup de jeunes cherchent à y parvenir sans trouver comment s'y prendre : la vie les accule à avoir une conscience de plus en plus aiguë du creux présent au fond d'eux-mêmes. Mais comment le remplir ? Même comblés de tout ce qu'ils peuvent souhaiter posséder, leur cœur reste sur sa faim, car il a faim de Dieu.

Heureux celui qui rencontre sur sa route un cœur qui écoute, une bonté qui fait découvrir l'espérance. Celui-là a quelque chance de retrouver la santé de ses deux pieds, indispensables pour tenir debout, pour ne pas perdre l'équilibre.

Nos deux pieds pour être un chrétien debout ? Porter notre regard sur le Mystère et le laisser transformer notre vie jusqu'à faire parvenir à sa maturité notre conscience morale chrétienne.

Regarder le Mystère, contempler le dessein éternel du Père qui veut nous faire partager son amour, s'ouvrir au don de Dieu, en imprégner son cœur, sa mémoire, son désir, c'est former sa colonne vertébrale chrétienne, c'est devenir « mystique » au sens fort du terme. Il s'agit d'une expérience, non de connaissances. Laisser la Parole de Dieu éclairer notre vie, y mettre de l'ordre, de l'intelligence, la purifier, la redresser, l'adapter au Mystère, c'est sortir de sa subjectivité, laisser un autre conduire notre vie, laisser la Parole de miséricorde la juger : nous ne nous donnons pas à nous-même les critères du bien et du mal. Il s'avère que, dans bien des cas, la Parole qui sonde les reins et les cœurs est un substitut avantageux des anxiolytiques...

Il est capital aujourd'hui, dans un monde où la conscience psychologique est éveillée de bonne heure, de mettre en place les bases d'une expérience chrétienne solide, objective. Sinon la confusion risque d'être faite entre expérience psychologique et expérience chrétienne, même de façon latente.

La patrie

Celui qui cherche à correspondre aux exigences de son être profond, à l'exigence de Dieu dans sa vie, est amené à réfléchir un jour sur le terme de sa vie, sur la patrie vers laquelle il marche. Il s'apercevra alors que notre

Maison d'éternité » est loin d'être un dynamisme pour son existence. S'il pose à son cœur la question : Aspires-tu vraiment à la patrie où tu es attendu ? (Cf. Ph 3, 20), celui-ci lui répondra sans nul doute : J'ai peur d'y penser, je veux rester le plus longtemps possible sur la terre..

Le contact avec la mort, lorsqu'elle nous touche sous quelque forme que ce soit, nous pose cette question et nous interroge sur l'authenticité de notre vie chrétienne. Estelle vraiment tendue vers le Seigneur, mue par l'espérance d'une rencontre ? Ou engluée dans tout ce qui constitue notre monde quotidien que nous ne voulons pas quitter ? Pourtant notre vie est une vie d'exil loin de la patrie. Comment vivre ce voyage ? Deux façons sont possibles : soit en jouissant des biens rencontrés au cours de notre voyage, soit en en usant.

La mort nous interroge sur la vérité de l'orientation de notre existence. Notre amour pour Dieu est-il l'amour de quelqu'un qui a hâte de rencontrer celui qui est aimé ? Où trouvons-nous notre bonheur, notre jouissance ? Nous laissons-nous captiver, accaparer par les agréments du voyage, jusqu'à oublier où nous allons ?Aimons-nous notre prochain (famille, amis, etc.) d'un amour désintéressé ou pour nous-même ? Ce qui revient à les traiter comme des choses dont nous usons. Être tendu vers la patrie relativise l'importance de l'avoir, incite à la sobriété. Bien que nécessaires, les biens de ce monde ne procurent pas le bonheur. Courir sans cesse vers un avoir plus grand, ne peut que laisser une impression de vide. La mort alors fait peur. Et l'espérance de la résurrection, confessée chaque dimanche, n'est qu'une phrase apprise par cœur.

Aimé avant la fondation du monde

Chacun est aimé de Dieu dès avant la fondation du monde (Ep 1, 4). Il a été choisi d'une façon toute particulière. Le regard de Dieu le précède et l'enveloppe de sa tendresse avant même qu'il existe et tout au long de sa croissance ; il le réchauffe comme un soleil. Il suffit de croiser ce regard pour être réconforté, apaisé. Nous ne sommes pas comme une boule lancée au hasard dans le monde, vouée à se heurter à tous les obstacles rencontrés sur son chemin, jusqu'à tomber dans un précipice. Il ne peut que résulter de l'angoisse d'une pareille destinée. Non, nous sommes conduits par Dieu, portés dans ses bras ; notre vie a un sens : une signification et une direction. Il est possible de reposer dans le cœur de Dieu

comme un enfant contre sa mère » (Ps 130). Pourquoi cela ? La Trinité tint conseil avant même la création du monde, et forma un dessein : partager avec d'autres êtres l'amour qui unit intimement les Trois, les faire entrer dans leur communion. C'est ainsi que les anges furent créés à l'image de l'Esprit et les hommes à l'image du Fils. Le Père nous appelle donc à l'adoption filiale dans son Fils, dans le Christ. Tout notre être est orienté vers ce but.

Dieu en créant l'homme, lui a fait don de la liberté, indispensable pour qu'il puisse répondre librement à l'amour qu'il lui proposait. Mais dire liberté créée, c'est dire liberté faillible. La seule chose que Dieu ne pouvait pas lui donner, c'est en effet une liberté incréée, divine, comme la sienne. Cette fragilité de l'homme pouvait mettre en échec le dessein de communion des Trois, aussi le Père décida-t-il de donner le remède avec le don : il donnerait son Fils pour faire du refus le chemin même du don ! Suprême don. Le Fils est venu en effet montrer aux hommes créés à son image, appelés à être fils en lui, comment leur liberté égarée pourrait, à travers la souffrance et la mort, revenir vers le Père.

Encordés

Nous étions loin de Dieu, comme l'enfant prodigue, incapables de revenir à lui. Il est donc venu jusqu'à nous.

Le Père a envoyé son Fils au fond du précipice où nous étions tombés sans pouvoir remonter. Le Fils a pris notre chair, établissant avec nous un lien tel que nous sommes en Lui : ce qu'il a fait, nous le faisons en Lui. Lorsqu'il lutte contre Satan au désert, nous menons ce combat en Lui. Lorsqu'il meurt sur la croix, nous mourons au péché en Lui. Lorsqu'il ressuscite, nous ressuscitons en Lui, bien qu'en espérance pour le moment. Nous sommes « transfigurés » en Lui, selon l'expression de saint Augustin. Le Seigneur est venu nous aimer pour nous apprendre à aimer. Il suffit de mettre nos pas dans les siens. Il est en quelque sorte le chef de cordée. Il connaît tous les passages qui permettent de gravir la paroi. Il en assume les risques.

C'est avec un amour et une délicatesse infinis, que le Seigneur nous propose de découvrir dans la croix placée sur notre route le chemin qui donne la vie. Il nous porte d'ailleurs sur cette voie, il nous entoure, nous enveloppe de son regard : nous ne sommes plus seuls à affronter un destin inconnu. Nous sommes guidés vers un Père qui nous attend.

Cet amour qui nous fait monter en Lui vers le Père, le Seigneur nous le propose, mais ne nous l'impose pas. Il nous dit : « Si tu veux », nous laissant libres de refuser de marcher sur ses traces. Laisser la liberté de dire : Non, est la marque d'un immense amour. On peut donc dire que la garantie de l'authenticité de l'amour du Père, c'est l'existence de l'enfer. Il ne nous impose pas par la force de réintégrer le Royaume, comme si nous étions des robots. Il nous en supplie, il nous attend, mais il se plie à notre décision. Il veut un amour qui réponde librement au sien. Répondre à un amour ne saurait être une obligation à laquelle il serait impossible de se dérober.

Opposer miséricorde et enfer, c'est avoir une perception bien théorique de la grandeur de l'amour qui nous est proposé.

La croix résurrection

Père, entre tes mains je remets mon esprit » (Lc 23, 46).

Père, pardonne-leur : ils ne savent pas ce qu'ils font » (Lc 23, 34).

Contempler la croix, c'est contempler l'amour du Fils pour son Père et pour les hommes. C'est découvrir le visage du Père.

Les coups, la violence, la crucifixion, n'ont altéré en rien l'amour qui remplissait le cœur du Seigneur. Un lien indestructible l'unissait à son Père. Faire de la volonté de son Père sa nourriture, accomplir le dessein qu'il avait formé en lui de toute éternité, gardait le Seigneur debout, ferme, confiant, au plus fort de la tempête qui s'abattait sur lui.

Même la mort n'a pu briser ce lien invulnérable qui l'unissait à son Père : il est ressuscité des morts. L'amour était bien sa force, son assurance, jusque dans la mort. Aussi son corps, envahi par l'énergie de l'Esprit, par l'amour, n'a pu rester dans la mort. Et cet Esprit déferle désormais sur notre monde, y semant un germe de résurrection.

Dans la croix et la résurrection, nous découvrons le visage de notre Dieu : le Fils qui accomplit la volonté de son Père ; l'Esprit qui transfigure le monde pour le pénétrer de la vie trinitaire, pour y faire advenir une communion

l'image de la communion des Trois ; le Père, source du dessein de salut.

En contemplant la croix, nous apprenons à devenir fils, nous apprenons « l'art d'aimer » : une confiance inébranlable dans le Père, le pardon, l'amour des ennemis, la patience.

Il faut garder longuement les yeux sur la croix, sans peur, pour y découvrir peu à peu le chemin qui guérit notre angoisse, qui met un terme à notre solitude, qui transforme notre errance épuisante en un repos. Et cela est toujours à approfondir, car nous devons nous enfoncer toujours plus profondément dans l'épaisseur de notre vie. Le Christ a les bras ouverts sur la croix pour nous accueillir comme nous sommes, pour nous tenir la main lorsque l'angoisse ou la peur nous étreint.

Le salut

Le catéchisme nous a habitués à parler du salut en termes de rédemption, de rachat. Le Christ nous a rachetés de nos péchés. Saint Paul en a largement parlé. Mais il est une autre approche du salut, trop oubliée et pourtant étonnamment adaptée à notre monde moderne. Selon l'étymologie du mot, le salut est la santé de l'homme, corps et âme.

Qu'est-ce qui nous maintient en bonne santé ? Rien d'autre que la charité accompagnée d'humilité.

Retrouver la santé est hors de notre portée, mais nous avons un bon médecin venu nous apporter des remèdes appropriés : les sacrements, qui ont coulé sur la croix de son côté ouvert. De cette source, coule l'Esprit qui met la charité dans nos cœurs pour transformer nos cœurs de pierre en cœurs de chair.

Pour les jeunes, le salut est attendu au creux de l'angoisse présente dans leur cœur, par suite de l'instabilité de la famille, des difficultés dans les études, du chômage des parents, etc.

Au lieu de leur apporter le salut offert par le Seigneur, on les envoie consulter un psychiatre : démission chrétienne, s'il en est ! En fait, ceci ne fait qu'aggraver la situation, car se trouver seul face à soi-même, sans être enveloppés d'un regard de miséricorde, est une pente vers le désespoir. Comment assumer la vérité de ce que contient le cœur humain, dans la solitude que crée l'objectivité scientifique du médecin, sans voir l'angoisse augmenter ? Fixer son regard sur soi, sur son passé, n'est pas de soi un remède.

Les jeunes sont proches de Zachée, de Marie-Madeleine, de l'aveugle-né, du paralytique de la piscine de Bézatha. Leur découverte prématurée du creux qui habite le cœur de l'homme les rend avides du salut, plus ou moins consciemment. Pourquoi leur parler psychologie et tromper leur attente ? Il est étonnant de voir que si on les met sur la voie pour rencontrer le Christ Médecin, ils reconnaissent immédiatement que là était le chemin recherché à tâtons, presque désespérément.

Sur un chemin d'unification

La liturgie

La liturgie évoque spontanément des célébrations, perçues comme vivantes et dynamiques, ou pauvres et ennuyeuses, etc. Mais on ne dépasse généralement pas la perception sensible... d'où les querelles sans nombre que la liturgie peut faire naître.

Mais qui se sait traversé par le fleuve de l'amour trinitaire, lorsqu'il participe à la liturgie ? La liturgie nous précède : on la reçoit, on ne la crée pas. Elle nous apprend à pénétrer dans le monde de Dieu, à y vivre et à en vivre. La liturgie, c'est l'amour de Dieu qui déferle sur notre monde, pour pénétrer nos lieux de mort et y répandre la vie. Par elle, le Christ nous rejoint à toutes les grandes étapes de notre existence pour y faire advenir le Royaume : que ce soit la naissance, la croissance, la maladie, la mort, le mariage.

Dans toute liturgie, nous écoutons le Christ nous parler, nous recevons son Esprit, nous entrons plus profondément en communion avec nos frères.

Célébrer la liturgie, c'est être contemporain de la Pâque du Christ. Lors de chaque célébration, l'éternité pénètre dans notre temps. Dans la liturgie, et tout spécialement dans l'eucharistie, l'Esprit est répandu dans nos cœurs pour y faire germer la vie de Dieu, pour nous faire monter un peu plus vers le Père. L'Ascension y produit sans cesse ses fruits. Quelle n'est pas la joie du Père lorsqu'il voit son Fils venir à lui avec tous ses enfants qui lui ressemblent tellement ! Il n'y a plus qu'à tuer le veau gras (Lc 15) ! Quelle n'est pas sa joie de voir son dessein accompli !

C'est à cette profondeur que les célébrations liturgiques nous invitent à vivre. Elles seront alors la source de notre vie spirituelle. Toute une pédagogie est nécessaire pour ne pas en rester aux signes. Ils sont des symboles qui nous conduisent à plus grand qu'eux. Lorsque la beauté d'une célébration touche la sensibilité, sans éveiller pour autant à la beauté du monde de Dieu, on est resté dans l'antichambre. Il ne faut pas confondre un simple esthétisme avec la liturgie.

L'unité

L'unité est un des enjeux les plus fondamentaux de la vie chrétienne. Le livre de la Genèse nous apprend que l'homme a rompu l'unité avec les autres, avec Dieu. C'est apparemment l'échec du dessein de Dieu, qui de toute éternité voulait rassembler tous les hommes dans l'unité, dans le Christ (Ep 1). Que désirer de plus grand pour les hommes que de partager l'unité qui lie dans l'amour le Père, le Fils et l'Esprit ? Qui est notre Dieu, sinon les Trois tellement unis par l'amour qu'ils ne font qu'un ? Or nous savons qu'un artiste laisse toujours dans son œuvre la marque de ce qu'il a de plus singulier. De même notre Dieu : son œuvre porte toujours la marque de l'unité.

Toute la Bible nous dit comment il a sans cesse relancé son dessein, à travers les alliances avec Noé, avec Abraham, avec Moïse , jusqu'à parvenir à l'accomplir malgré les réticences de l'homme. Malgré ses réticences, mais non malgré lui. Car c'est bien un homme, Jésus, le Fils de Dieu, qui nous a rassemblés en lui en se faisant homme, puis par l'Esprit donné sur la croix. Il est mort « pour rassembler dans l'unité les enfants de Dieu dispersés. »

Cette unité des hommes existe déjà en germe dans l'Église. Et la mission de l'Église est avant tout de rassembler tous les hommes dans l'unité. Mais pour que sa mission soit crédible, il est nécessaire qu'elle rende témoignage de la joie que peut être une vie consacrée à l'unité. De cela les chrétiens sont responsables, chacun pour leur part. Qu'il s'agisse des familles, des communautés religieuses, du clergé, et aussi des diverses confessions qui se réclament du Christ l'Église est une, dit le credo.

Rien n'est plus grand pour des chrétiens que de donner le témoignage de l'unité. L'unité devrait être leur hantise car ainsi ils rendent leur Dieu visible aux yeux des hommes, en quelque sorte. « Unité » pourrait résumer toute notre foi : unité des Trois, unité du Christ homme et Dieu, unité de l'Église, unité des chrétiens, unité dans le Royaume.

Chacun vit comme il croit

Lors de notre baptême, un germe a été semé dans notre cœur qui ne demande qu'à se déployer par une lente intégration du Mystère. On vit comme l'on croit. Une structuration objective de la foi doit s'accompagner d'une structuration de la foi personnelle : la vie prend la forme du Mystère. Pour cela, divers seuils de conversion seront à franchir.

Dans un premier temps, pour les nouveaux convertis, la foi est « théorique » ; elle reste extérieure à la vie. Cette étape est pleine d'embûches. Ces jeunes perçoivent les grandes lignes d'un comportement chrétien, mais pas la source qui en est l'âme. Le risque est grand pour certains d'adopter un comportement extérieur (jeûnes, austérités) et d'en faire l'essentiel. Mais leur attitude est alors assez raide ; ils recherchent des structures rigides ; ils sont intransigeants pour les autres : ils cherchent à imposer leur façon de vivre à tous sans discernement.

Pour d'autres, dans cette première étape, une piété sans consistance risque de servir de guide dans la vie spirituelle. L'accent est mis alors sur les messages célestes, sur les dévotions. D'autres encore se précipitent vers des études théologiques, mais sans les intégrer au niveau du cœur profond.

Une seconde conversion est nécessaire : la conversion à la charité, la plus difficile. Des relations nées de la charité prennent la première place ; elles trouvent leur source dans le Mystère intériorisé, contemplé, célébré, étudié ; dans le mystère de la charité. Le comportement extérieur est empreint de justesse, de discrétion. Les structures recherchées ne sont plus des structures extérieures : elles ont été intériorisées. Une colonne vertébrale chrétienne s'est formée.

Il n'y a pas trop de toute une vie pour parvenir

cette conversion à la charité qui est vie dans l'Esprit et non plus vie sous la loi. C'est une vie dans la liberté chrétienne, qui trouve la source de son exigence au plus profond de l'être, là où Dieu habite.

Être converti. Une chance ?

À une époque encore récente, on naissait chrétien. La foi était en quelque sorte transmise avec le biberon. Faut-il déplorer qu'il n'en soit plus ainsi ? Peut-être pas. Car il faut être lucide. On n'accède à la vie adulte, à la foi adulte, que par une démarche personnelle. Des parents chrétiens, une famille unie, un milieu social structuré, ne suffisent pas à faire d'un jeune un homme au sens plein du terme, ni un chrétien. Il y a donc un danger, pour ceux qui sont nés chrétiens, de ne jamais découvrir l'intériorité qui fait un homme, un chrétien : le risque est grand d'être satisfait de ce que l'on a reçu, qui donne une apparente stabilité dans la vie. Mais c'est rester à la surface de soi-même. Devenir un pharisien n'est pas un risque illusoire. Un jeune issu d'une famille divorcée, qu'une affectivité perturbée a empêché de faire les études brillantes qu'il aurait désirées, qui a connu des échecs, a peut-être plus de chance de devenir un homme et un chrétien authentique ; car il n'a pas d'autre issue pour faire surface que de plonger dans la profondeur de son être. Une exigence de vérité l'empêchera de se contenter d'une façade. Il est prédisposé à découvrir dans l'humilité sa seule planche de salut. Les deux cas de figure se présentent parmi les jeunes en quête de vie religieuse. La pédagogie devra être différente dans les deux cas. Car les premiers risquent d'attacher trop de prix aux structures qui les ont sécurisées depuis leur enfance. Il faut donc leur apprendre à les intérioriser pour accéder à la liberté de la charité. Les seconds ayant été blessés désirent avant tout faire l'expérience d'un amour authentique. Il faudra d'abord les aimer en sachant que l'amour l'emporte sur toutes les structures. Il faut les amener en même temps à découvrir que les structures leur donnent une colonne vertébrale ; pour cela il faut en expliquer le sens, en montrer le bienfait pour vivre une charité authentique. Leur chemin sera plus lent, mais peut-être que leur fidélité à leur être profond sera plus grande. Car c'est pour eux une question de vie ou de mort.

L'accompagnement spirituel

Beaucoup de jeunes recherchent aujourd'hui un accompagnateur spirituel.

L'écoute est peut-être la première attitude indispensable. Il faut pouvoir tout entendre, permettre au jeune de tout dire. Car souvent il n'a jamais pu se dire, dire le bien mais aussi le mal, ou ce qui lui semble tel. Car bien souvent des zones de lui-même lui font peur simplement parce qu'il ne sait pas ce qu'elles sont. Il se croit anormal, parce qu'il n'a jamais entendu parler de la complexité du cœur humain, du corps, de l'affectivité. Celui qui écoute ne doit rien juger, mais tout accueillir par permettre de grandir. Mettre une parole de lumière apprend à l'autre à distinguer les divers niveaux de son être, à situer ce qui n'est qu'informe, à accueillir et apprivoiser les forces instinctives qu'il aurait tendance à refouler, à ouvrir un chemin en indiquant des étapes. La charité est peut-être l'élément capital : la charité croit tout, espère tout, supporte tout ; elle est patiente. Permettre à un jeune de toucher la charité en quelque sorte, de percevoir qu'elle l'emporte sur toutes les valeurs, est une expérience capitale qu'il n'a peut-être jamais eu l'occasion de faire. Comment peut-on lui demander d'aimer, s'il ne sait pas ce que cela veut dire ?

Un accompagnateur doit aussi, par sa simple façon d'être, de parler, faire percevoir que le poids de l'existence vient de l'intériorité. Le jeune aura alors envie de rejoindre ce centre de lui-même où il pressent que l'être se tisse en quelque sorte, se structure et s'unifie. Par ce qu'il est, l'accompagnateur doit éveiller à l'intériorité, être témoin de valeurs. Il permet ainsi au jeune de trouver son identité. Le lieu d'où est issue sa parole est aussi capital. Si elle transmet des connaissances, elle n'éveillera chez le jeune que la zone intellectuelle de lui-même. Si elle naît de l'intériorité, elle ira percuter chez lui dans cette même zone et l'aidera à sortir peu à peu de son ankylose. Ceci est peut-être plus important que le contenu de ce qui est transmis, bien qu'il ne faille pas le négliger pour autant.

Une étude contemplative

L'approche de la foi sous un mode d'enseignement universitaire est devenue prépondérante, jusque dans certains monastères. Des exigences scientifiques de plus en plus poussées risquent d'être perçues comme le passage obligé pour qu'une parole sur la foi soit crédible. Dans ce contexte, l'étude de la théologie spéculative est souvent coupée de l'expérience de la foi, alors qu'elle devrait y trouver son fondement. Car dans notre monde éclaté, cette expérience qui unifie l'être chrétien est devenue très rare. La supposer acquise est un leurre. Pourtant personne n'enseigne comment l'acquérir.

Pour rejoindre le commun des mortels, l'approche théologique doit prendre en compte la dimension existentielle de la foi. La connaissance en soi n'intéresse plus grand monde aujourd'hui, en dehors des cercles de spécialistes. Il y a au contraire une attente pour une théologie qui donne sens à la vie.

Il serait important de revenir à une théologie patristique. Les Pères de l'Église sont des chrétiens qui communiquent l'expérience dont ils vivent. La clé de leur enseignement est la foi. Non pas la foi-adhésion à des vérités révélées, mais d'abord la foi-adhésion au Christ dans l'amour, réponse d'amour à l'attraction exercée par le Christ sur le cœur lorsqu'il se révèle à nous.

Pour être en connaturalité avec la théologie patristique, il faut se situer au plan de la foi, de la charité. Placés dans la même situation que ceux qui nous parlent, faisant une expérience de même nature que la leur, nous pourrons comprendre leurs paroles de l'intérieur. Les Pères apprennent à s'éveiller au monde de Dieu. Il n'y a plus alors qu'à l'explorer soi-même de l'intérieur. Il y a un abîme entre la description des salles d'un château lue dans un livre et la visite qu'on en fait soi-même ! De même un fossé sépare un enseignement théologique où l'on ne perçoit qu'un enchaînement de notions et celui qui amorce une expérience. L'étude qui est expérience du monde de Dieu est communicative : elle appelle le partage des beautés entrevues.

Espérance et éternité

Nous pouvons vérifier si notre vie est tendue en avant par l'espérance, en nous demandant si la mort dérange nos plans de bonheur.

Il est donc important d'imprégner tout notre agir de la réalité qui ne finit pas, de donner une dimension d'éternité à notre vie quotidienne, à nos relations. Comment ? Par la charité qui *« ne passe jamais »* (1 Co 13, 8) à l'encontre de la foi et de l'espérance car elle est la vie même de Dieu.

Dans son appel au bonheur (cf. les béatitudes), le Seigneur nous fait la promesse de posséder la Terre, de voir Dieu, d'avoir le Royaume en héritage. Il nous donne la certitude d'échapper à une mort plus redoutable que la dissolution passagère du corps : le péché qui est rupture avec Dieu, donc rupture avec la source de la vie. Mais pour cela, pour vivre de la vie bienheureuse, une mort est nécessaire maintenant. Celui qui a perdu sa vie, c'est le pauvre, l'humble, le doux, le miséricordieux. Il faut donc passer par une conversion, reprendre le chemin de l'intériorité au lieu de courir de divertissement en divertissement. Il faut suivre l'appel de celui qui crie au fond de notre cœur, et nous appelle, comme Lazare, à sortir de notre tombeau.

Nous sommes morts parce que nous sommes devenus sourds à sa voix. La convoitise l'a emporté sur l'appel au bonheur lancé par le Seigneur. Ceci est particulièrement fort dans notre monde paganisé. Seul l'Esprit peut faire mourir en nous les désirs de la chair, comme dit saint Paul, pour que nous vivions selon Dieu.

Pour vivre avec Dieu, jouir de lui dans son éternité, nous devons dépasser la mort ; aussi dès maintenant nous devons mourir à tout ce qui n'est pas à niveau d'éternité : l'avoir, le paraître, le pouvoir. Ce sont là les germes de mort sans cesse prêts à renaître dans notre cœur. Pourquoi des germes de mort ? Parce qu'ils nous centrent sur nous-même et nous coupent de la source de la vie qui est Charité, donc relation.

La charité, victoire pascale

Celui qui aime son frère est passé de la mort à la vie » (1 Jn 3, 14). Pourquoi la charité fait-elle passer de la mort à la vie ?

L'homme est un creux orienté vers Dieu, un être de désir. Lorsque, pour remplir ce creux, il se tourne vers les biens passagers, il se détourne de celui qui seul peut le combler. Il se prend pour centre de sa vie et se coupe ainsi de la source de sa vie. Là se trouve la racine du péché, de l'affaiblissement de sa volonté. Lorsque l'homme se convertit, son désir est à nouveau orienté vers en haut, vers Dieu. La cupidité germe de mort fait place à la charité qui est amour de Dieu, amour désintéressé du prochain. La vie est alors centrée sur Dieu et non sur soi. La victoire sur la mort est donc la victoire de l'amour centré sur l'autre, sur l'amour centré sur soi.

Le Seigneur nous a montré sur la croix ce qu'est cet amour désintéressé qui fait de nous un homme nouveau, un homme pascal. Alors qu'il était maltraité, calomnié, abandonné, pas un instant il ne s'est tourné vers lui-même ; il est resté tourné vers son Père et vers les hommes pour leur pardonner. Le péché des hommes ne peut plus désormais séparer l'homme de Dieu, puisque dans le Christ il est devenu le chemin même qui conduit à la vie. Là est le cœur de la victoire pascale du Seigneur, de sa victoire sur la mort.

La mort à soi-même est ainsi devenue le passage obligé pour marcher à la suite Christ, pour faire grandir l'amour qui donne accès à la vie bienheureuse. C'est pourquoi saint Paul dit que la charité demeure (1 Co 13) : elle seule ne connaît pas la mort ; elle est déjà participation à la vie de Dieu, elle est la vie éternelle.

Celui qui a fait cette expérience de résurrection au plus profonde de son être, peut y croire pour l'autre, pour celui qui désespère, quelquefois jusqu'au suicide. Il saura dire que l'amour est plus fort que la mort. Et sa première parole sera d'aimer de cet amour vainqueur de la mort.

L'ascèse

Comment accomplir le décentrement de soi-même ? Par l'ascèse qui est une mort quotidienne. L'ascèse ne consiste pas, comme on le croit souvent, en une série de pratiques extérieures pénibles. C'est avant tout un travail sur soi conduisant à la conversion du cœur. Ce travail est comparable à celui d'un jardinier ou encore à l'ajustement des cordes d'un instrument de musique. Il produira alors des sons harmonieux. L'ascèse conduit à la maîtrise de soi qui permet à Dieu de jouer avec notre instrument le corps, le cœur et l'âme une musique qui charme les oreilles. Elle a une secrète harmonie avec le Royaume.

L'ascèse demande une attention à soi-même qui n'a rien à voir avec le nombrilisme. Il est indispensable de repérer les « fuites d'énergie » pour canaliser toute l'énergie intérieure vers la recherche du beau, du bon, du vrai. Où chercher la source de ces « fuites », de l'éparpillement ? Dans les vices qui prospèrent au fond de notre cœur. L'ascèse conduit ainsi à la maîtrise de soi, indispensable pour centrer sa vie sur la recherche de Dieu. Elle rend lucide sur soi-même et fait accéder à une liberté toujours plus grande.

L'ascèse permet de réorienter le désir profond du cœur dont les vices ont pris possession. Elle permet aux vertus, grâce au combat spirituel, de canaliser ce désir vers son véritable bien : Dieu. Par l'ascèse, l'amour est purifié. De convoitise, il devient charité. Au lieu de conduire son eau à l'égout, il la conduit vers le jardin ! L'ascèse opère un redressement du désir qui donne sa direction à toute notre vie, elle est un effort d'humanisation sans cesse renouvelé. Sans ascèse, il n'y a pas de vie qui soit vraiment humaine, et a fortiori chrétienne. Sans ascèse, il est impossible de conduire à bonne fin quelque projet que ce soit, et à plus forte raison la croissance de la vie chrétienne. L'ascèse est la condition de la santé spirituelle. C'est un travail qui s'apprend, comme n'importe quel art. Mais où l'apprend-on aujourd'hui ?

Acceptation de ses limites

Critères d'authenticité de la vie chrétienne

Lorsqu'on se met en route sur le chemin de la vie avec Dieu, le mot perfection arrive spontanément à l'esprit. On va essayer d'être parfait... Sous-entendu : on va avoir le plaisir d'être satisfait de soi. C'est un premier piège. Le critère d'authenticité d'un bon commencement est plutôt de commencer à se déplaire à soi-même : c'est avoir à son égard un regard réaliste et lucide ! C'est ce qui fait la joie de Dieu, car lui nous aime comme nous sommes et non comme nous nous rêvons.

Les débuts dans la vie spirituelle sont généralement accompagnés d'un certain enthousiasme, des progrès se font jour. Alors, autre piège, on a vite fait de juger sévèrement les autres : ils n'en sont même pas là où nous en sommes ! Ils n'ont pas compris les choses les plus élémentaires. C'est vraiment scandaleux ! Ces débuts se soldent par un échec, car le seul progrès authentique dans la vie spirituelle se mesure à l'aune de la charité, de la compassion. L'enjeu n'est-il pas la ressemblance à Dieu ?

Autre écueil, qui pourrait sembler aux antipodes des précédents, mais qui, en fait, a la même racine : le découragement. On progresse un temps, puis on retombe dans les mêmes ornières. Pourra-t-on jamais en sortir ? Les chutes sont regardées comme des échecs, alors qu'elles creusent un chemin d'humilité dans le cœur : l'important n'est pas de ne jamais tomber, mais de demander à Dieu son aide lorsque la tentation arrive, de mettre sous son regard ce qui nous déplaît en nous, ce qu'on a raté. C'est l'apprentissage de la sainteté comme un don. Comment le savoir si l'on n'a pas fait l'expérience répétée qu'il est impossible d'y arriver par ses propres forces ?

Les critères de l'authenticité de la vie chrétienne ne sont donc pas dans des comportements parfaits, mais dans l'acceptation joyeuse de ses limites, la bonté, la compassion pour la faiblesse de l'autre.

La Parole de Dieu

La Parole de Dieu peut être approchée de bien des façons.

Elle peut être l'occasion, pour des athées, de comprendre le passé culturel de l'Europe. Elle peut aussi être étudiée par des méthodes exégétiques, donc avec une approche scientifique du texte. Une exégèse chrétienne, d'ailleurs ne peut faire abstraction de la foi, qui est indispensable pour comprendre véritablement la portée des livres inspirés. Elle peut encore être écoutée avec les oreilles du cœur. Cette lecture, qui est au centre de l'expérience chrétienne, va la structurer.

La Parole de Dieu, surtout l'Ancien Testament, commence par apparaître comme un écrit d'un autre âge, sans lien avec notre vie. Pour y découvrir les expériences fondamentales de toute vie chrétienne, celles qui transforment notre histoire personnelle en histoire du salut, il y a le plus souvent besoin d'un médiateur. Il est bon que quelqu'un qui a fait cette expérience la fasse découvrir. Il ne faut surtout pas commencer par prendre pour guide des livres d'exégèse, c'est le meilleur moyen pour rendre la Parole de Dieu hermétique. Elle est alors réduite à un livre exploré par des méthodes littéraires, et un écran se dresse entre notre vie et la Parole vivante qui lui donne sens au double sens de direction et de compréhension.

Lire le livre de l'Exode, par exemple, c'est découvrir notre errance loin du Seigneur, notre attrait pour tout ce qui est vain, notre attachement aux certitudes auxquelles nous tenons, même si elles nous rendent esclaves (oignons d'Égypte, marmite de viande, etc.). Le livre du Deutéronome nous fait découvrir le sens de l'épreuve : dans le désert rien n'a manqué au peuple d'Israël, le Seigneur a pris soin de lui alors qu'il connaissait la faim et la soif ; il l'a conduit vers la terre promise. Toutes nos expériences qui, le plus souvent, semblent des échecs prennent alors sens : elles sont nos terres d'exil où Dieu vient renouer son alliance.

Le diable

Le diable est à l'œuvre plus que jamais, ou peut-être d'une façon qui redevient visible. Des récits des premiers siècles de l'Église, qui paraissaient enjolivés ou construits de toute pièce, sont d'une étonnante actualité. Des expressions courantes comme : « Il ressemble à un diable qui sort de sa boîte », reprennent une signification qui n'a rien de symbolique. Aujourd'hui comme au temps des Apôtres, le diable rôde comme un lion prêt à dévorer (1 P 4, 8). Le retour à la magie, le développement des sectes, rendent les cas de possession diabolique beaucoup moins rares qu'ils ne pouvaient l'être dans un passé récent. Pourquoi cet attrait ? À la source, l'orgueil, un désir de pouvoir, une foi tiède où la victoire du Christ sur les forces du mal n'a pas une très grande résonance, le désir d'avoir une emprise sur des domaines de la vie qui nous échappent. Une fois les illusions perdues, il en résulte l'angoisse, la peur, la dépression parfois jusqu'au suicide.

Le Christ a remporté la victoire sur le diable, mais celui-ci essaie d'éroder la foi, de jeter le doute sur la victoire de la croix. Il se croit toujours tout puissant ou tout au moins essaie d'en persuader ceux qui prêtent l'oreille à son discours trompeur. Il est aussi insaisissable que le vent, car une fois son jeu mis à nu, il s'évanouit sans demander son reste. Il est peut-être l'être le plus laid qui soit. Pourquoi ? L'amour lui est totalement inconnu, la compassion aussi. Il ne fait de cadeau à personne ! Toute espérance n'est pas perdue pour ceux qui lui ont ouvert la porte de leur cœur. Le recours à l'exorciste est un premier pas. Par lui, le Seigneur agit comme sur les routes de Palestine et ordonne au diable : « Sors de cet homme » et le diable ne peut qu'obéir. Ensuite, une prière assidue fortifiera la foi et la confiance. Contre de telles armes, le diable ne peut rien ! Un bénéfice assuré en sortira : une humilité plus grande. C'est la meilleure protection qui soit contre ses attaques et son emprise. Sans oublier de dresser une barrière aux souvenirs qui remontent.

L'amour

Être aimé est un désir inscrit au plus profond de l'être. L'amour est d'abord recherché pour assouvir ce désir d'être aimé. Mais il ne pourra jamais l'être, car plus on reçoit, plus on demande pour jouir davantage. Certains cherchent donc à le combler par d'autres choses : nourriture, etc.

Dans la jouissance recherchée se cache un secret désir de bonheur. Mais être aimé ne suffit pas pour y parvenir. Car le résultat est au contraire la déception et la tristesse.

Pour sortir de l'impasse, une seule issue : apprendre à aimer. Aimer, c'est chercher à rendre l'être aimé heureux. Celui qui aime d'un amour vrai recherche le bonheur de l'autre. Il ne sera heureux que si l'amour donné suscite chez celui qu'il aime le désir d'aimer à son tour d'un amour semblable, désintéressé. Si celui qui est aimé s'enferme dans la recherche d'une jouissance, il sera malheureux et celui qui l'aime ne sera pas non plus heureux, car son amour n'aura pas procuré le bonheur de l'autre.

Seul Dieu, en définitive, sait aimer et il nous donne son Esprit pour nous apprendre à aimer. C'est la grande affaire de l'existence. Dieu nous aime au plus profond de notre être, il n'a pas peur de descendre dans tous les recoins de notre cœur. Son désir ? Y mettre l'amour, pour nous rendre heureux et nous donner envie d'aimer à notre tour d'un amour semblable.

C'est la réalité la plus simple qui soit. Pourquoi faut-il tant d'années pour y accéder ? Pourquoi tant d'hommes et de femmes préfèrent-ils s'enfermer dans leur tour d'ivoire ? Peut-être parce qu'aimer pour rendre les autres heureux nécessite de passer par la croix : il est indispensable de supporter sans se décourager les coups que l'autre peut donner, ses failles et ses limites, pour lui donner la preuve que l'amour donné est vrai.

Celui qui a touché du doigt dans sa vie le bonheur que donne l'amour, aura envie d'aimer à son tour. Pour nous l'apprendre, Dieu se sert souvent d'intermédiaires, qui sont pour nous un reflet de l'amour dont il aime.

Le découragement

Le découragement est souvent considéré comme une fatalité. Il est en fait un repliement sur soi-même, une déception de s'être heurté à ses limites. Il naît de l'orgueil. Il peut donc être enrayé par un travail sur soi.

Le découragement est un signe très précieux de l'état de la vie spirituelle : c'est un signal d'alarme. Quand il s'annonce, la santé spirituelle est en train de faiblir. Les accus se déchargent en quelque sorte, les forces déclinent, le goût de vivre diminue.

La cause ? Ce peut être la colère, la jalousie, le dépit de n'avoir pas été ce que l'on croyait être. Le découragement est aussi engendré par l'impatience : il suit par exemple la prise de conscience qu'un projet ne va pas réussir comme on l'aurait souhaité.

Dès qu'il s'installe, Dieu n'est plus notre point d'appui. Le cœur se glace, la chaleur de Dieu ne le réchauffe plus. L'amour, source du dynamisme s'étiole.

Le remède ? L'humilité. Il faut recharger les accus à la source de la vie. Ce qui nécessite de plonger en Dieu, de reprendre appui sur le roc et non dans la boue qui le recouvre et où naît le découragement. Cette simple démarche est reconnaissance de sa faiblesse, regard confiant vers Dieu qui ne tient pas compte du mal et n'attend qu'un mouvement de notre cœur pour donner en surabondance force et amour.

Celui qui, par l'humilité, parvient à ne plus se décourager découvre en lui une force insoupçonnée, même s'il était faible par nature. Il ne s'étonne plus de ses chutes. Toute son énergie est disponible parce tournée vers l'accueil de l'autre, de l'événement, sans retour sur soi.

Le découragement lui-même joue un rôle positif dans la vie spirituelle : il apprend l'humilité. Il conduit à ne pas s'appuyer sur ses propres forces ou sur le jugement des autres.

La foi

La foi est une relation ; elle nous lie au Christ de tout notre être. Elle est le fruit d'un attrait qui porte vers le Christ. Attrait ressenti quand il se révèle à notre cœur comme la Beauté, la Bonté, la Vérité. Il est en cela notre Pain de vie. Car à quoi aspire notre cœur sinon à se nourrir de beauté, de bonté, de vérité ? L'enfant est attiré par du chocolat, l'abeille par le pollen des fleurs, la bouche de notre cœur est attirée par le Christ. C'est notre désir profond qui, par un don du Père, est attiré par le Christ.

Ce n'est pas sans raison que saint Jean nous dit que celui qui croit mange le Pain de vie. Manger, c'est absorber des aliments jusqu'à les assimiler, jusqu'à les transformer en son propre corps. C'est une action vitale : se nourrir est indispensable pour conserver la vie, pour grandir. On est loin d'une adhésion intellectuelle à des vérités révélées...

Manger le Pain de vie, c'est faire circuler la vie dans notre cœur, une vie qui n'a pas de fin, une vie éternelle. C'est recevoir l'Esprit qui répand l'amour dans notre cœur (cf. Rm 5, 5). Et cet amour ne nous laisse pas solitaire, il nous unit à tous les membres du Christ, il nous fait entrer dans la communion trinitaire.

Manger le Pain de vie, c'est entrer avec le Christ dans une relation aussi intime que celle que notre corps noue avec les aliments assimilés. Mais il y a pourtant une différence fondamentale : nous ne transformons pas le Christ en nous. C'est lui qui nous transforme en lui. Il fait couler sa vie dans tout notre être, dans notre cœur, notre corps, notre intelligence, et il nous rend capables de nous y ouvrir toujours plus.

Le Pain eucharistique est la nourriture sacramentelle où le Pain de vie se donne à notre foi, il est le pain du banquet des noces de l'Agneau. Communier au corps et au sang du Christ est l'acte de foi par excellence. C'est devenir consanguins avec le Christ : son sang est notre vie.

L'amour plus fort que la loi

Loi et intériorité

Il est tentant et sécurisant de se référer à une loi pour lire les événements et pour apprécier les comportements des autres. Ceci est un piège dans toute vie spirituelle et spécialement dans la vie religieuse. Or celui qui prend comme critère du progrès spirituel l'observation de la loi en est aux premiers balbutiements de la vie spirituelle. Il est dangereux de lui confier quelque responsabilité que ce soit, dans le domaine de la formation ou du gouvernement. Car il n'aura aucun souci d'aider l'autre à découvrir la vérité de son être et à y correspondre.

Il sera tenté d'imposer à l'autre une conformité à lui-même ou de lui tracer un chemin préfabriqué qui l'empêchera de jamais accéder à la liberté, à la présence à lui-même. Or la fidélité à son être profond et à Dieu est le fondement du bonheur.

Respecter le cheminement de l'autre demande d'avoir développé en soi-même l'intériorité et donc intériorisé la loi en quelque sorte. Il faut avoir fait l'expérience du temps nécessaire pour parvenir au face à face avec soi-même, à des décisions personnelles, à la découverte de la fidélité aux exigences de son être quoi que les autres puissent en penser. Celui-là a atteint le lieu situé au profond de lui-même, qui dépasse toute loi, toute obligation, qui appelle une manière d'être unique, riche et vibrante, toujours nouvelle. Il a dépassé toute idéologie même spirituelle ou théologique. Tous ces attitudes sont celles de la maturité spirituelle.

Celui qui n'a pas accédé à cette conversion, ne peut écouter l'autre, l'aimer dans sa singularité : il aura peur de la différence. Il ne pourra percevoir dans les paroles de l'autre, même entachées de tâtonnements ou d'erreurs, la petite pousse qui cherche à grandir, à se dire, à trouver sa consistance propre. Il aura tendance

vouloir l'enfermer dans un moule. Mais imposer un comportement qui ne naît pas de l'être profond est mortel. C'est stopper la croissance de l'autre, c'est l'enfermer dans un mimétisme, dans une attitude servile.

Avoir chaque jour la mort devant les yeux

Avoir chaque jour la mort devant les yeux. Un pareil conseil peut apparaître démodé, comme une obsession maladive. Mais il est en fait la reprise de 1 Co 15, 31 : *« Chaque jour, je suis à la mort. »* Pourquoi avoir la mort devant les yeux ? Parce que cette pensée joue un rôle pédagogique. Notre vie quotidienne, en effet, est conditionnée par ce que nous espérons après la mort. Or nous attendons que le Seigneur réalise sa promesse de nous faire vivre en lui : une vie, dynamisée par cette attente, est un combat, une mort quotidienne, pour s'ajuster à sa vie dès maintenant. La mort que nous devons avoir constamment devant les yeux, bien sûr, n'est pas n'importe quelle conception de la mort. C'est la mort du Christ, la mort suivie de la victoire pascale, la mort que la vie a vaincue. La mort est alors liée à ce qui la suit et qui est désirable, même si elle reste une rude réalité. La mort est le passage vers une rencontre.

Mais aujourd'hui, l'espérance déserte le cœur de nombre de chrétiens : pour éviter de regarder en face la réalité de la mort, certains remplacent la promesse de vie éternelle et de résurrection par une croyance en la réincarnation. C'est nier la réalité de la mort, la réduire

une apparence. C'est fuir la responsabilité que nous avons de notre destinée.

Croire à la promesse du Seigneur donne un but à l'existence et donne la force de porter les difficultés de la vie : elles sont passagères au regard de ce qui nous sera donné après la mort. La réalité quotidienne est alors mise à sa place, sans être absolutisée. Cette attitude a une conséquence concrète : un mort ne souffre pas des injures qui lui sont faites, il n'a ni envie ni jalousie, il ne désire pas posséder plus que ce qui est nécessaire, il n'a pas d'orgueil ! La pensée de la mort invite à ce comportement Elle contribue ainsi à purifier le cœur, à le maintenir dans la vigilance.

Le péché

Le péché semble avoir déserté la vie spirituelle : on ne se confesse plus guère. Pourquoi ? Il y a certainement des causes multiples à cela. Nous essayerons d'en dégager quelques-unes.

Tout d'abord, qu'entendre par péché ? La plupart du temps le péché est regardé comme le manque de conformité de son agir à un code de morale. Dans ce cas, le péché est déterminé par une loi extérieure à moi. Il suffit qu'un affranchissement par rapport aux obligations imposées par la loi se produise et le péché n'a plus de consistance.

Le péché est tout autre chose. Il est un manque de loyauté avec soi-même, avec les exigences profondes de son être. Il est infidélité à soi-même et à Dieu. Mais pas à un Dieu qui impose sa loi arbitrairement de l'extérieur, mais à Dieu qui propose sa miséricorde au plus profond de mon cœur. Ici encore, l'intériorité est la condition même de la découverte du péché. Pour avoir le sens du péché, il faut être placé face à soi-même sous le regard de miséricorde de Dieu. C'est pourquoi chacun est seul à pouvoir se prononcer sur ce qui est péché dans sa vie. Quelqu'un d'extérieur peut simplement dire s'il y a ou non, conformité aux exigences de l'Évangile. Mais il ne peut déterminer si ces exigences sont perçues comme des exigences intimes auxquelles il faut répondre par une fidélité absolue sous peine de tuer la source de son être. Autre est le péché pour un adolescent, autre le péché pour quelqu'un qui a atteint l'âge adulte. Ou encore, ce qui pour quelqu'un est scrupule, sera pour un autre l'exigence d'une fidélité à la profondeur de lui-même. La prise de conscience de son péché demande d'avoir l'habitude de vivre face à soi-même et non à l'extérieur de soi-même. Alors ce que nous disons au début de la messe prend tout son poids : « J'ai péché en pensées [...]. » Comment avoir conscience d'avoir péché en pensée, si on est absorbé par l'agir, si on ne prend pas le temps de rentrer en soi-même, si les actes ne jaillissent pas de la profondeur de son être, là où Dieu habite ?

L'épreuve

La peur saisit devant de multiples événements douloureux et suscite une tentation de fuite. La peur d'avoir peur risque à la longue de prendre le dessus et de paralyser l'existence. Jusqu'au jour où les difficultés se transforment en épreuves. La réalité objective reste la même, mais le sens est changé. La souffrance interroge : « Si je n'étais qu'un passage vers un monde plus vaste où tu goûteras la paix ? » Elle devient une sorte de pont aux ânes. À vues humaines, il est impossible d'y avancer sans perdre l'équilibre et se noyer dans la rivière. Pourtant, un âne est capable d'y rester en équilibre ! Regarde comment il avance avec souplesse et assurance et fais de même : tu gagneras ainsi l'autre berge que tu auras tout loisir d'explorer.

L'épreuve apprend ainsi peu à peu à mettre sa confiance en Dieu. Elle nous fortifie au-delà de ce que nous soupçonnions possible. À notre grand étonnement, elle fait émerger le meilleur de nous-même qui était enfoui sous la peur. Une force inconnue émerge. Elle conduit sur le chemin de l'humilité elle fait toucher la fragilité , mais elle développe aussi une ferme assurance : la peur et l'angoisse peuvent être vaincues.

une épreuve fait suite une autre épreuve. Mais le souvenir de la précédente donne du courage. Si la première a débouché sur la paix, pourquoi pas les autres ?

Pendant l'épreuve, il est capital de ne rien remettre en cause de ce qui a été acquis auparavant. Car à ce moment-là les décisions ne peuvent provenir de la racine de l'être, puisqu'une mutation est en train de se produire, qui déstabilise. Même si le goût ou l'entrain n'y sont plus, il faut tenir ferme et continuer à faire tout à ce qui a été décidé dans les périodes de paix, d'unification. Peut-être certaines choses seront-elles à revoir, à cause du progrès que l'épreuve aura provoqué, mais il faut attendre pour cela que la paix soit revenue. L'épreuve apprend par là à durer au-delà de l'enthousiasme passager, elle fait progresser dans la patience, elle approfondit les progrès précédents.

La crainte

La crainte est une passion, conséquence du péché originel. Elle peut prendre des formes diverses : la peur, la frayeur, l'anxiété, l'angoisse.

Elle est provoquée par le risque d'une privation ou d'une souffrance, par l'idée ou le sentiment qu'on va perdre ou que l'on pourrait perdre ce qu'on désire, ou ce à quoi on est attaché.

L'homme craint de perdre, ou craint ce qui peut lui faire perdre, un objet sensible, une affection, dont la possession lui procure une certaine jouissance sensible. L'idée ou le sentiment de cette perte possible engendre en son âme un état de malaise et de trouble dont il ressent les effets au plan de son corps. La crainte révèle un attachement aux biens de ce monde et à leur jouissance sensible. Elle vient d'un doute sur la protection bienveillante que Dieu a pour nous, remplacée par l'illusion que nous sommes livrés à nous-mêmes, que nous sommes démunis.

On demandait à un ancien : Pourquoi ai-je peur en allant dans le désert ? Il dit : Parce que tu te crois seul, et ne vois pas Dieu avec toi.

Le Christ vient mettre la lumière dans cette illusion innée au cœur de l'homme : Dieu prend soin de nous en permanence (Mt 10, 2931 ; Lc 12, 67), il sait ce qui est bon pour nous. La crainte se guérit par la foi en la providence de Dieu : "Comment avez-vous peur ? Comment n'avez-vous pas la foi ?", dit le Christ, lors de la tempête apaisée (Mc 4, 3640).

Seuls les biens spirituels sont stables et comblent le cœur ; les biens sensibles sont transitoires.

Dans la crainte intervient souvent l'imagination qui attribue à la réalité des dimensions qu'elle n'a pas. L'imagination construit, anticipe et fait placer comme certains dans le présent des événements qui n'existent pas. L'imagination, dans la crainte, prend le dessus sur la réflexion, sur les raisons objectives (Sg 17, 11).

Il est important de lutter contre la crainte pour accéder à la liberté, pour laisser le réel à sa juste dimension et pouvoir le regarder comme le lieu où Dieu nous rejoint, nous invite à dépasser notre attirance pour le sensible pour lui laisser prendre toute la place et nous combler. Le seul chemin : une confiance inébranlable en la bonté du Seigneur qui nous conduit, quoi qu'il arrive, qui nous apporte son secours, son aide, sa consolation.

La prière

Il est difficile d'être fidèle à la prière de façon régulière. Objections courantes : je ne sens rien, Dieu est lointain, je ne prie pas vraiment, etc. Ces pensées viennent d'une méconnaissance de ce qu'est la prière.

Dieu est-il vraiment loin ? C'est nous qui sommes loin de lui, lorsque nous vivons à l'extérieur de nous-même, en surface. Lui est au plus profond de nous-même. Comment le rejoindre ? Un seul moyen : faire une brèche qui nous permette de descendre là où il nous attend. Le lieu privilégié pour faire cette expérience est la zone de nous-même que nous aimerions fuir :

notre faiblesse, notre péché, nos limites de toutes sortes. Ce lieu vulnérable est bien le plus apte à se laisser toucher par la miséricorde. Si l'on accepte de descendre par cette brèche, sans peur, sous le regard de miséricorde de Dieu, une présence se découvre à nous. Un dialogue s'instaure. Le point de départ ? Un cri de détresse qui appelle au secours et libère le cœur. Peu à peu cette présence va dévoiler son nom : Jésus, le Père. Un enseignement et la lecture personnelle de la Parole doivent préparer cette expérience de la foi, mais elle reste un don offert à tous. Le petit et le pauvre y sont certainement plus réceptifs.

Que dire sur la sincérité dans la prière ? Tout d'abord il faut bien se dire que ce n'est pas nous qui prions, mais le Saint-Esprit en nous.

certains moments seulement, cette prière qui nous habite émerge à notre conscience. L'important n'est donc pas de savoir si on prie vraiment, ce qui est impossible, mais de rester fidèle à celui qui prie en nous. Le temps donné à la prière à intervalles réguliers habitue peu à peu le cœur à prêter une plus grande attention à celui qui prie en nous. La prière, en définitive, est à notre profit : c'est pour nous aider que le Seigneur nous a demandé de prier.

Si l'on reste fidèle à la prière, personnelle et liturgique, une intériorisation progressive du Mystère se produit. On commence à vivre dans le monde de Dieu, il devient notre lieu.

Le discernement

Un premier discernement s'exerce dans la vie morale : il permet de prendre conscience de façon juste de la source de nos actes, de nos pensées, de nos paroles. Ce discernement est chose difficile. Dépister la jalousie, les jugements téméraires, le désir de vengeance ou de puissance, n'est pas évident. On se trouve toujours de bonnes raisons pour arriver aux fins qu'on n'ose pas s'avouer ouvertement.

Il faut un jour, faire un choix décisif pour progresser : chercher la vérité sur soi, quoi qu'il en coûte, quoi qu'il en advienne. Sans ce libre choix, la vie spirituelle stagnera toujours, ou plutôt s'affaiblira.

Il faut du courage pour prendre cette décision, car se placer face à soi-même commence par faire peur. L'idée que l'on se fait de soi-même risque, en effet, de prendre un sérieux coup. Mais elle y gagnera d'être plus ajustée au réel.

Le premier point important pour faire ce travail est l'attention à ses pensées. Toute pensée mauvaise jette le trouble, même si elle provoque un premier mouvement de joie ou d'exaltation. Il faut savoir l'amener à la lumière et la regarder en face.

Ce que les autres peuvent dire sur notre compte est un autre atout important. Leurs appréciations, bien sûr, ne sont qu'approximatives : ils ne voient que l'extérieur. Mais elles contiennent, malgré tout, des éléments sur lesquels il importe de réfléchir. Il faut aussi se souvenir qu'on est mauvais juge sur soi-même. On a tellement l'habitude de ses vices, de ses défauts, que l'on n'y fait même plus attention. Une formation au discernement est indispensable : car c'est à la lumière de la Parole de Dieu, de l'enseignement des auteurs spirituels, qu'il s'affine.

Le discernement dans la vie morale est stimulé par le désir de progresser dans la mise en œuvre des vertus. Encore faut-il en avoir entendu parler et être attiré par leur beauté. Comme elles sont passées de mode, la plupart des jeunes n'en connaissent même pas l'existence. Un gros travail, d'une extrême importance, est donc à faire à ce niveau.

Une vocation religieuse ?

Le discernement porte sur la vie morale, mais aussi sur la vocation l'appel adressé par le Seigneur à chacun. Pour certains, se pose la question de la vocation religieuse. Comment discerner ? Il faut prendre en compte plusieurs éléments.

la racine d'une vocation religieuse, il y a toujours un appel ressenti au profond de l'être. Il est lié à une expérience personnelle de Dieu, il s'accompagne d'un élan qui pousse à aller de l'avant en misant totalement sa vie sur le Seigneur, quittant tout pour lui : famille, profession, relations. « Tout quitter » pour le Seigneur devient un dynamisme pour la vie. Mais l'appel va ensuite être mis à l'épreuve de la durée. Il faudra vérifier son authenticité. Des doutes surgiront peut-être, concernant son opportunité, son utilité. Une question se présente : « En suis-je capable ? » Elle peut venir d'une saine interrogation sur ses aptitudes, ou d'un doute qui n'est qu'un manque de confiance en Dieu. Dans le premier cas, l'interrogation s'accompagne d'une réflexion paisible, dans le second de trouble et de peur.

Percevoir un appel peut encore être angoissant pour des tempéraments incapables de prendre une décision libre.

L'appel, une fois vérifié, demande une réponse. Là, un certain nombre de problèmes vont se poser. Car répondre implique de donner sa vie à Dieu, au Christ, ce qui suppose une conversion, un décentrement de soi-même, un choix de l'intériorité. Or la maturité humaine et spirituelle, souvent, est insuffisante pour faire cette démarche de façon consciente et libre. La maturité affective doit être spécialement vérifiée, car elle est indispensable pour prendre une décision qui porte la vie. Il est nécessaire aujourd'hui de prévoir des étapes préparatoires pour éviter un échec qui provoque des blessures. Entrer d'emblée au postulat est un saut trop important pour beaucoup de jeunes. Il faudrait prévoir un statut plus souple auparavant familier ou oblat qui permette une adaptation progressive, très personnalisée.

Une conversion nécessaire

La perfection

Rares sont ceux qui n'ont pas commencé par désirer être parfaits, lorsqu'ils ont pris au sérieux leur vie spirituelle. Ce n'est souvent que le prolongement d'une tendance instinctive non réfléchie. Pourquoi vouloir être parfait ? Les motivations sont diverses. Se découvrir un être limité et fragile n'est pas une expérience agréable, et beaucoup la fuient. Une recherche de la perfection leur donne l'illusion d'avoir en eux quelque chose de solide ; elle les rassure et leur permet d'être à niveau avec l'image de marque qu'ils se sont façonnée pour eux-mêmes.

Mais ce n'est qu'une illusion. Car la perfection ne peut embrasser qu'un domaine très limité de l'existence. Si une épreuve les atteint là où ils ne s'y attendent pas, une faille se produit, d'autant plus déconcertante qu'ils s'étaient cru invulnérables. Plus on tombe de haut, plus on se fait mal !

La recherche de la perfection peut aussi être motivée par le désir d'être estimé par l'entourage ou de dépasser les autres. Plus subtilement, la comparaison peut aller de pair avec la recherche de perfection : elle conduit à vouloir être aussi estimé qu'un tel ou un tel.

Dans la vie spirituelle, ce désir de perfection va se manifester par un extérieur chrétien impeccable, mais « essoufflant » : c'est à la force des poignets qu'un tel comportement s'acquiert. L'existence manque d'un dynamisme venant de l'intérieur, de souplesse dans le jugement, de compassion pour le prochain et pour le faible, de « foi » en l'autre. Celui qui cherche la perfection est dur pour les autres.

Une conversion est nécessaire : le désir humain de perfection doit se transformer en charité. Là est bien la plus haute perfection. Mais elle se reçoit au creux de la faiblesse, elle est humble et pleine de tendresse, elle n'est pas présomption, mais confiance dans la grâce. Elle ne se dépite pas de ses faiblesses et de son péché qui sont le creuset même où se fait l'expérience de la miséricorde de Dieu, de la perfection par excellence.

Le pardon

Pardonner n'est pas chose facile. C'est pourtant le point de départ de la guérison des blessures. Pardonner, c'est faire dis paraître la rancune, ce qui n'est pas oublier. La rancune intro duit dans un engrenage qui trouve son point de départ dans cette petite phrase : c'est sa faute ! Mais justement, est-ce la bonne lecture d'une situation ? Si c'est vraiment la faute de l'autre, c'est au moins la nôtre sur un point : ne pas l'aimer suffisamment dans sa faiblesse même. Mais pour cela il faut penser à l'autre et non uniquement à soi-même, à ses souffrances, etc.

Pourquoi des parents n'ont-ils pas donné à leur enfant l'amour qu'il attendait ? Peut-être eux-mêmes n'ont-ils jamais appris à aimer d'un amour désintéressé et ont-ils souffert de blessures. Et soi-même, n'a-t-on jamais fait souffrir personne ? Le prétendre serait bien de l'illusion. Comme d'ailleurs croire que le mal que nous faisons n'est que la conséquence de celui qui nous a été fait. C'est rentrer dans un déterminisme sans issue, sans espérance. Le pardon met un stop à cette cascade de blessures. Pardonner, c'est regarder la blessure subie non pour se replier sur soi, mais pour mieux comprendre la souffrance de celui qui l'a causée. Pardonner, c'est porter sur l'autre le regard d'amour dont le Seigneur nous enveloppe nous-même. Le pardon remplace la colère par la compassion, la patience et la douceur. Le passé devient espérance d'une nouvelle relation. Tout ce qui était investi en rancune est investi alors pour créer des liens, faire progresser la relation. Le pardon introduit dans une vie nouvelle, en donnant un cœur neuf. Une telle attitude est chrétienne. À quoi sert-il comme il arrive souvent d'aller consulter un psychiatre pour connaître tous les méandres de la faute de l'autre et se persuader qu'on est une victime innocente ? C'est prendre un chemin de mort, s'enfermer dans le passé.

Le Christ nous a apporté un chemin de vie :

Pardonne-nous nos offenses comme nous pardonnons à ceux qui nous ont offensés. » Il est venu ainsi redonner la paix aux cœurs blessés.

La peur de l'autre

Pourquoi la peur de l'autre ? Elle naît quand il nous déconcerte ; par son tempérament, par ses attitudes différentes des nôtres par ses défauts qui gênent et que l'on voit avec des lunettes grossissantes, par ses dons peut-être qui nous renvoient à nos limites. D'où le réflexe premier : écarter le gêneur de notre route.

C'est une façon de le museler, de ne pas se sentir fragilisé par sa présence, de se mettre au-dessus de lui en position de force. L'orgueil prend le dessus, et la colère est sa compagne, comme d'ailleurs les critiques et parfois la jalousie. C'est une façon d'enfermer l'autre, de le lier pour l'empêcher de nuire.

Mais l'orgueil ne serait-il pas aussi le père de la peur ? Pour s'en convaincre, il suffit de regarder l'attitude de l'humble. Ajusté à lui-même, il a pénétré au fond de son cœur et fait connaissance avec tous les vices qui s'y cachent, au moins en germe. Il sait par expérience que, sans la miséricorde et la patience de Dieu, il aurait été englouti depuis longtemps. Il a aussi appris que tous les événements déconcertants nous enseignent que c'est lui qui conduit notre vie. Ils nous font lâcher notre idées sur Dieu, sur le chemin qui nous convient. En définitive, l'humble a appris à compter sur Dieu et non sur lui-même, il sait jusqu'où Dieu peut pénétrer et transformer l'existence, la convertir. L'humble sait aussi qu'il s'est bien souvent trompé, qu'il lui a fallu du temps pour reconnaître les chemins de conversion que Dieu lui proposait et pour accepter de les prendre sans peur. Seul l'humble, riche de toute cette expérience, a un regard juste sur l'autre : il y voit d'emblée un compagnon qui peine sur le même chemin que lui, peut-être sans le savoir encore. Son regard l'enveloppe de miséricorde, de confiance, d'amour, de compassion, de patience, d'exigence aussi : lui-même n'a-t-il pas eu besoin de tout cela pour grandir ? Cette attitude est celle du Seigneur. Il n'a pas eu peur devant les pécheurs publics, devant les pharisiens, etc. Il les a tout simplement aimés pour leur permettre de grandir, d'aimer à leur tour.

Un chemin de faiblesse

Dieu patiente. Il attend, dix, vingt, trente ans que nous le rejoignions là où il habite : dans notre faiblesse. Mais nous passons dix, vingt, trente ans, à chercher d'autres chemins par tous les moyens. Tous sont explorés, sauf celui qui nous conduit au lieu où nous ne voulons pas aller.

Nous dépensons en vain nos forces pour maîtriser la situation selon ce qui nous semble le meilleur pour nous... Mais comment imaginer que ce meilleur, c'est un chemin d'humilité ? Il y a un désir de faire, un désir de grandeur, un désir d'épanouissement, qui cherche à trouver sa voie en laissant de côté la faiblesse de notre être. Et pourtant, là est le salut, car notre être tout entier est appelé à la vie de Dieu.

Pourquoi attendons nous d'être à bout de force pour prendre ce chemin ? Paradoxalement, c'est seulement lorsque tout est prêt à craquer, et parfois alors même que tout craque, que Dieu peut manifester en nous son œuvre de salut. Cette première expérience suivie de beaucoup d'autres, fait découvrir que Dieu trace dans notre faiblesse, dans tous les points vulnérables de notre être, un chemin où il vient nous rencontrer, où il vient parler avec nous, où il vient nous consoler et nous fortifier. Il semblait nous avoir oublié, mais au contraire il nous attendait !

Un nouveau regard sur notre vie rend alors sensible à la valeur inestimable de ce qui semblait un obstacle au bonheur. On finit même par pressentir qu'il est préférable de changer de route au lieu de perdre ses forces à vouloir passer coûte que coûte par des chemins qui finissent tous par avoir un goût de tristesse, de solitude. Toutes les fragilités sont alors habitées par Dieu, les unes après les autres, et forment comme une corde qui sous-tend notre vie, comme un large chemin stable où la présence de Dieu ne fait jamais défaut. C'est dans ce lieu que toutes les richesses de notre être, l'intelligence, les dons divers, puisent désormais une force neuve, acquièrent une note éminemment personnelle et s'unifient.

Notre charité est divine

Les théologiens discutent à perte de vue sur la charité. Charité incréée et charité créée...

Pourquoi donner plus de poids aux balbutiements des théologiens qu'à saint Paul ? « La charité a été répandue dans nos cœurs par le Saint-Esprit qui nous a été donné », nous est-il dit dans l'épître aux Romains (5, 5). Saint Paul aurait-il parlé d'une façon approximative, qui manque de la rigueur des scolastiques ? Je ne le pense pas.

Que l'Esprit Saint soit la charité incréée, aucun problème ; que la charité dont nous aimons Dieu et le prochain soit créée, c'est insuffisant par rapport à la réalité du don qui nous est fait. Car la charité qui est répandue dans nos cœurs, est l'amour même dont Dieu aime ; or Dieu n'aime pas d'un amour créé. Si la charité guérit et divinise, c'est bien parce qu'elle est l'amour même dont Dieu aime. Mais cet amour pourtant est nôtre en toute vérité. Notre charité est donc tout à la fois et de manière indissociable divine et humaine. Cet amour n'étant pas simplement à mesure humaine, il ne peut envahir le cœur, l'âme, le corps, qu'après un long travail d'ascèse, de purification, qui rende notre être apte à ce qui est sa vocation : être traversé, rempli par un amour qui est l'amour même de Dieu. Alors seulement il est possible de commencer à aimer d'une façon chrétienne, c'est-à-dire divine. Commencer, parce que notre capacité doit grandir autant qu'il lui est possible pour être adaptée à l'amour qui se donne à elle, sans en être écrasée. Dieu « tamise » son don, pour que le don de son amour soit source de vie et non de mort pour celui qui le reçoit. Or qui ne serait écrasé, si l'amour divin était donné en sa totalité ? Toute une vie est nécessaire pour élargir sa capacité. Seule cette charité peut tout croire, tout espérer, tout comprendre, tout supporter, etc., car elle est divine. Seule elle peut faire passer de la mort à la vie celui qui est à son tour l'objet de cet amour. Ceci dépasse la raison : qui peut comprendre ce mystère ? aussi est-ce peut-être pour cela que les théologiens ont simplifié la réalité ?

Se relever

Après une chute, un faux pas, une erreur, etc., que faire ?

Un goût d'amertume commence à envahir le cœur ; la déception entraînée par la découverte de ses limites prend le dessus. Il ne faut surtout pas s'y installer. Ce premier mouvement sécrète la tristesse, le manque d'élan ; il est néfaste car il met l'énergie en fuite.

Il est bon alors de laisser un verset de Psaume descendre dans ce lieu de faiblesse et de misère pour désamorcer l'abattement et le guérir. La rumination des Psaumes y apporte paix et confiance ; elle permet de retrouver la stabilité disparue.

Il est alors possible, dans un second temps, de regarder le Seigneur sans honte, sans peur, et lui dire en toute confiance : je suis faible, plus que je ne croyais ; ou bien : je pensais avoir fait des progrès et voilà que je rechute ; ou encore : je n'ai pas su écouter et je me suis trompé.

C'est l'aveu de sa faiblesse devant le Seigneur, sous son regard et il attendait justement que cette vérité soit faite pour apporter son aide.

Il faut alors tourner le dos à toutes les pensées contraires, laisser la confiance les engloutir comme la Mer Rouge a englouti les Égyptiens, et marcher à la lumière de l'expérience qui pointe dans le cœur.

La paix alors revient, avec l'humilité qui progresse, grâce à ce chemin de faiblesse ! Faire bon ménage avec ses limites sans s'étonner d'en avoir est le plus sûr moyen pour faire les rapides progrès que des efforts soldés par un dépit n'avaient pu obtenir.

Après plusieurs expériences de ce genre, un point stable se découvre au creux de la faiblesse : le point de vérité. C'est une grâce.

Les efforts trouveront alors leur vraie place : dans une totale dépendance à l'égard du Seigneur, dans un abandon serein.

La folle du logis

L'imagination est une zone de notre être où la maîtrise de soi doit être attentivement pratiquée.

Qui n'a connu la peur qui grossit démesurément devant une difficulté minime ? La folle du logis prend alors les rênes et peut faire commettre les pires erreurs : on peut dans la panique remettre tout en cause, sans être en état de prendre la mesure de la situation. Le combat semble alors dépasser les forces. On se croirait dans une arène. Mais la lutte se mène en réalité contre des tigres en papier... ressemblant à des vrais, à s'y méprendre.

La folle du logis majore les difficultés, dramatise les erreurs des autres engendrant ainsi de soupçons qui peuvent faire vivre dans une totale illusion , elle porte au découragement ; elle peut même fausser le jugement et faire dire n'importe quoi. Le contact avec le réel est en fuite. Dans une vie cloîtrée, silencieuse, si l'on n'y prend pas garde, l'imagination débridée peut conduire à des troubles psychiques. Une pédagogie adaptée doit être mise en œuvre avant qu'il n'y ait de graves dégâts, parfois irréversibles.

La première chose à faire est de s'accrocher à du tangible, de ne rien changer à son rythme de vie, d'occuper sa mémoire avec une parole venant de l'extérieur. Un verset d'Écriture est peut-être la parole la plus simple et la plus adaptée à la situation, comme ce verset de psaume : « Dieu, viens à mon aide, Seigneur viens vite à mon secours ! »

A plus long terme, l'attention aux pensées permettra de détecter celles qui sont empoisonnées et auxquelles il faut mettre un frein dès leur apparition. Un conseiller spirituel est nécessaire pour apprendre à ne pas se laisser emporter par ses pensées, les prenant pour argent comptant.

L'obéissance, l'écoute, l'humilité, la conscience mise à faire les choses les plus ordinaires de la vie, tout cela contribue beaucoup à parvenir à maîtriser la folle du logis.

La volonté de Dieu

La volonté de Dieu n'a pas toujours bonne presse. Elle évoque spontanément une volonté qui s'oppose à notre désir de bonheur. Devant quelque chose de désagréable, il est fréquent d'entendre : c'est la volonté de Dieu. Celle-ci finit par s'identifier à l'acceptation résignée de tous les malheurs qui peuvent arriver. Puisque c'est la volonté de Dieu, il n'y a pas à se révolter. La volonté de Dieu peut aussi être ressentie comme un moyen utilisé pour obtenir l'obéissance. Mais l'image de Dieu qu'un tel comportement véhicule n'a rien à voir avec un Dieu de tendresse et de miséricorde !

La volonté de Dieu commence à être aimée le jour où Jésus est rencontré au creux de son être, où son amour donne paix et confiance, où sa présence est une certitude. Alors si c'est lui qui prend tellement soin de nous, peut-il vouloir quelque chose qui soit mauvais pour nous ? Et si quelque chose de mauvais, événement ou autre, nous arrive, il nous apprend à y découvrir un chemin qui dépouille notre cœur de son écorce. Ce n'est pas sa volonté directement peut-il vouloir autre chose pour nous que le bonheur ? mais il connaît notre tendance à nous replier sur nous-même. Ce qui nous déconcerte, nous fait souffrir, nous apprend à sortir de nous-même. Il demande presque de lui pardonner de nous proposer une telle voie, mais sa croix lui permet de le faire. Il l'a vécu le premier et peut dire en connaissance de cause que c'est la voie de la confiance, de l'amour, de la liberté et du bonheur. À ce stade, la volonté de Dieu n'apparaît pas bonne, mais la confiance en celui qui la propose permet de se hasarder à y rentrer sans trop de peur. Après un long chemin, elle apparaît bonne en elle-même. L'expérience répétée de la bonté du Seigneur, sa présence découverte au cœur de toutes les épreuves, conduisent à une confiance absolue : il est impossible de douter qu'en tout ce qui arrive le Seigneur ne cherche à nous étirer pour nous remplir davantage. « Non pas ma volonté mais la tienne ». Cette prière est source de paix, de joie.

Conclusion

Tenir debout est tout un travail de plus en plus difficile à accomplir pour des jeunes. Mais peut-être manque-t-il aujourd'hui chez les adultes un poids de confiance et d'espérance qui soit à la hauteur ? Le Seigneur, comme lorsqu'il marchait sur les routes de Judée et de Galilée, a en lui une force qui peut guérir les cœurs. Mais on se cantonne le plus souvent dans une approche psychologique de la difficulté, croyant que ce regard est le plus objectif et le plus sûr, et tout s'effrite. Il y manque la charité qui peut seule toucher les cœurs, même les plus blessés. On peut se demander si le salut a encore une valeur existentielle pour beaucoup de chrétiens. Donne-t-il la santé ou faut-il être debout pour qu'il atteigne le cœur ? Peut-il encore apporter la guérison ? Ne confondons pas souvent le salut et la sotériologie ? La réalité et la réflexion sur cette réalité ?

Quand la société transmettait des valeurs, elle fournissait un support qui pouvait donner l'illusion d'être debout, en faisant l'économie du passage par l'intériorité. À une époque où bien des éléments de la société et de la culture s'effritent, où un jeune se sent libre de faire toutes les expériences qui lui passent par la tête sans qu'aucun frein ne l'accule à la moindre réflexion sur leur valeur morale, cela n'est plus possible. Il ne faut surtout pas se laisser ébranler par tout ce qui peut sortir du cœur dans une pareille situation.

Toute une formation est alors à reprendre à la base, souvent à vingt, trente, ou même quarante ans. Il ne faut s'étonner de rien et faire confiance à la grâce. La seule condition : la loyauté, accepter de dire ses pensées, car c'est

ce niveau qu'une formation peut toucher jusqu'à l'inconscient et l'imprégner peu à peu de la grâce.

Ceci est important dans le cadre de la vie religieuse, où for externe et for interne sont séparés. La formation à la vie religieuse ne peut pas être donnée sans une formation préalable qui aille jusqu'à la racine des pensées. Sinon des pratiques seront posées comme un emplâtre sur un cœur malade. Et l'éclatement se produira à plus ou moins long terme, ajoutant de nouvelles blessures aux anciennes. La vie religieuse a certainement une grande évolution à faire dans le domaine de la formation.

Celle-ci, malgré les adaptations, a été pensée dans le cadre d'une société encore chrétienne.

Or ce n'est plus le cas. Elle devrait donc prévoir une formation préalable sans attendre que les jeunes arrivent en l'ayant déjà. Où la trouveront-ils ? On a élevé le niveau de la formation intellectuelle au plan théologique, mais on a oublié que le tissu humain et chrétien qui doit la recevoir n'était plus là. D'où les catastrophes qui ont pu arriver et arrivent encore.

Peut-être que la réflexion sur la nouvelle évangélisation n'est pas sans concerner les communautés religieuses ?

Du même auteur

La Charité et l'unité, Une clé pour entrer dans la théologie de saint Augustin, Cahiers de l'École Cathédrale, n° 6, Paris, Mame, 1993 (épuisé).

Saint Dominique et la vie apostolique dominicaine, Cahiers de l'École Cathédrale, n° 20, Paris, Cerp-Mame, 1996 (épuisé). Traduction en italien, 2017.

La Règle de saint Augustin, Préface de Monseigneur P. Raffin, Cerf, Paris, 1996 (épuisé).

Chercher Dieu avec les Pères du désert et leurs héritiers, Vieille-Toulouse, Source de Vie, 1996 (épuisé). Traduction en tchèque, 1999.

Tu aimeras ton frère, À l'école des Pères du désert, Vieille-Toulouse, Source de Vie, 1997 (épuisé). Traduction en tchèque, 1999.

Se consacrer à Dieu, Une théologie de la vie consacrée, Préface du Fr. Timothy Radcliffe, Paris, Téqui, 1998 (épuisé) ; traduction en italien, 2020.

Saint Jean Cassien. Sa doctrine spirituelle, Marseille, La Thune, 2002 (épuisé).

Aux origines de l'Ordre des Prêcheurs, une mystique, Marseille, La Thune, 2004 (épuisé).

Des Moniales dominicaines à Lourdes, Lourdes, autoédition, 2005.

Saint Augustin. Comme un cerf altéré, Mesnil Saint-Loup, Le Livre Ouvert, 2006.

Saint Antoine. Conduit au désert par l'Esprit, Mesnil Saint-Loup, Le Livre Ouvert, 2006.

Le Royaume de Dieu est en vous. Une lecture symbolique du Cantique des Cantiques, Le Muveran, Parole et Silence, 2008.

Foi et guérison. Repères et critères chrétiens, Marseille, La Thune, 2008 (épuisé).

Découvrir les Pères de l'Église à travers la Liturgie des Heures, Paris, DDB, 2010.

Dominique et Augustin, Saint-Maurice, Ed. Saint-Augustin, 2010.

Les Miracles de saint Dominique. Prières et textes, Saint-Benoît-du-Sault, Ed. Bénédictines, 2010.

Prier le Rosaire avec les saints, Saint-Benoît-du-Sault, Ed. Bénédictines, 2012.

Notre-Dame de Lourdes. Prières et textes, Saint-Benoît-du-Sault, Ed. Bénédictines, 2013.

L'Effusion de l'Esprit en Église, Préface de Monseigneur P. Raffin, Saint-Benoît-du-Sault, Ed. Bénédictines, 2013.

Le Rosaire, une lectio divina *avec Marie*, Saint-Benoît-du-Sault, Ed. Bénédictines, 2014.

La Foi est un combat. Itinéraire d'une moniale, Paris, Salvator, 2015.

Sainte Mariam de Jésus Crucifié. Témoignage du chanoine Bordachar, *Recueil de notes de Mère Élie*, Saint-Benoît-du-Sault, Ed. Bénédictines, 2016.

Sainte Catherine de Sienne, Saint-Benoît-du-Sault, Ed. Bénédictines, 2017.

Sainte Marie-Madeleine, Saint-Benoît-du-Sault, Ed. Bénédictines, 2017.

Les Pères de l'Église dans la Liturgie des Heures, L'âge d'or, vol. II, Les Pères latins, Le Muveran, Parole et Silence, 2017.

Le Nouvel Age à l'œuvre dans l'Église. La gnose de retour, Paris, L'Harmattan, 2018.

L'Eucharistie, rencontre du Ressuscité, Ed. Bénédictines, Saint-Benoît-du-Sault, Ed. Bénédictines, 2018.

L'Heure de la mort. Le grand passage vers la vie !, Ed. Bénédictines, Saint-Benoît-du-Sault, 2018.

Les Pères de l'Église dans la Liturgie des Heures, L'âge d'or, vol. III, *Les Pères grecs et syriaques*, Le Muveran, Parole et Silence, 2018.

Les Pères de l'Église dans la Liturgie des Heures, L'âge d'or, vol. IV, *Augustin*, Le Muveran, Parole et Silence, 2020.

La Face cachée de la vie des moniales. Une dominicaine témoigne, Croix du Salut, 2020.

Chrétien, qu'as-tu fait de la vie éternelle ? Lecture spirituelle de la première lettre de Jean, Parole et Silence, 2020.

Destinée du Messie, prophète de la grâce. Lecture spirituelle de l'évangile de Luc, Croix du Salut, 2021.

L'obéissance à l'épreuve du mensonge. Réflexion sur les dérives dans la vie religieuse, Croix du Salut, 2021.

Dieu à la recherche de l'homme. Lecture spirituelle du livre d'Osée, Parole et Silence, 2021.

Table des matières

Printed by Books on Demand GmbH, Norderstedt / Germany